Gerardo E. Garza

DETRÁS de las BARRAS y las ESTRELLAS

... Porque siete veces podrá caer el justo, pero otras tantas se levantará.

EDITORIAL SOLI DEO GLORIA, LLC.

EDITORIAL SOLI DEO GLORIA, LLC.
Weston, Florida, U.S.A
www.EditorialSoliDeoGloria.com

DETRÁS de las BARRAS y las ESTRELLAS, por Gerardo E. Garza

Copyright © 2010 Editorial Soli Deo Gloria, LLC. Weston, Florida, Estados Unidos de América. Todos los derechos reservados. Prohibida su reproducción total o parcial, en ninguna forma o medio, electrónico, fotocopia o de cualquier otra forma sin permiso escrito de la editorial.

Todas las citas bíblicas que aparecen en esta publicación, a menos que se indique lo contrario, son tomadas de la Santa Biblia, Nueva Versión Internacional ®. NVI® Propiedad literaria © 1999 por Biblica Inc. ™. Usado con permiso. Reservados todos los derechos mundialmente.

Diseño de portada: Juan y José Carlos Curi
Edición: Mónica Copantsidis

ISBN: 978-0-578-04507-8

DETRÁS de las BARRAS y las ESTRELLAS

Dedicatoria

A mi Dios, a quien doy gracias con alegría por haberme facultado para participar de la herencia de los santos en el reino de la luz; y por librarme del dominio de la oscuridad, habiéndome trasladado al reino de su amado Hijo Jesucristo (Col. 1:12-13).

A mi esposa Jeannette, mi fiel compañera y mejor amiga, por estar siempre a mi lado compartiendo su vida junto a la mía con una entrega incondicional. Quien me ha visto llorar, reír, sufrir, gozar y celebrar triunfos. Así como también ha padecido conmigo cada uno de mis fracasos, y con prudencia, me muestra que a través de ellos hemos obtenido siempre una victoria.

A mi preciosa Ale, "mi risa" y "mi única", por ser una excelente hija, en quien Dios me ha permitido ver todos mis sueños hechos realidad.

Gracias a las dos porque nunca me han reprochado los cataclismos que han tenido que enfrentar como consecuencia de mis decisiones.

Contenido

- **Prólogo**... 7
- **Introducción**.. 9
- **Capítulo 1**..11
  En busca del "sueño americano"
- **Capítulo 2**... 23
  Un par de maletas
- **Capítulo 3**... 33
  Un camino sin rumbo
- **Capítulo 4**... 45
  Cuarenta años por el desierto
- **Capítulo 5**... 59
  Literalmente preso
- **Capítulo 6**... 65
  Libertad o esclavitud más allá de las fronteras
- **Capítulo 7**... 73
  La libertad es un derecho
- **Capítulo 8**... 87
  Caminando por fe
- **Capítulo 9**... 95
  Una carta por correo
- **Capítulo 10**...109
  Crisis de fe
- **Capítulo 11**...119
  Preparando inmigrantes para la excelencia
- **Capítulo 12**...129
  Reforma migratoria

- **Capítulo 13**..139
  Ciudadanía
- **Epílogo**..147

Prólogo

¿Quién no recuerda la maravillosa serie de dibujos animados llamada "Popeye el Marino"? Sin lugar a dudas, muchos que nacimos en la década de los 60s y aún los 70s, recordamos con mucho afecto esta caricatura que narra las aventuras de un marinero, con pipa en la boca y mala dicción, pero profundamente enamorado de una esbelta y delicada novia llamada Olivia, quien siempre era asechada por el archienemigo de Popeye, llamado Brutus. Este siniestro y fuerte personaje en cada capítulo secuestraba a Olivia, haciendo que Popeye echara mano de todos los recursos habidos y por haber para rescatar a su amada Olivia, no sin antes ser el receptor de tremendas golpizas propinadas por Brutus. Si mal no recuerdo, las espinacas eran el motor que movía a Popeye a tener una fuerza descomunal, al punto de que podía poner en un santiamén a Brutus en su lugar, recuperando así la compañía de su amada.

Muchos de nosotros crecimos acompañados de esta famosa serie por muchos años. Pero querido lector, quizá se pregunte: ¿Qué tiene que ver este libro con la famosa tira cómica?, bueno es simple. La parte que siempre hacía la gloriosa diferencia en la caricatura, es cuando todos esperábamos con ansia lo que llamamos el "momento Popeye", era ese punto donde Popeye decía: "ya basta", sacaba fuerzas de debilidad y del interior de su ropa (casi siempre) extraía una lata de espinacas, la abría (algunas veces con mucha dificultad), la comía y de allí venía el momento de gloria de nuestro querido héroe. Siendo sinceros, yo creo que las espinacas no eran necesariamente la fuente de poder, sino que el motivo principal era su insatisfacción y terrible frustración por la situación que estaba viviendo su amada Olivia.

Es aquí donde yo creo que el libro hace su valiosa aportación. Bien podemos pasarnos la vida hablando de que no estamos de acuerdo con tal situación, sea de injusticia, o de inequidad en el mundo. Pero nuestra tarea no sólo debe ser estar insatisfechos, sino experimentar ese "momento Popeye" en el que decidimos cambiar las cosas. No quedarnos en el borde de la mediocridad, lamiéndonos las heridas por los golpes que la vida nos haya dado, sino con ánimo renovado y fuerza en medio de la debilidad, cambiar lo que otros sólo critican.

Son muchas las historias de todos aquellos que, buscando mejores horizontes, se dan a la tarea de embarcarse en un viaje, que más bien pareciera una aventura, donde la simple razón dice que hay más que perder, que ganar. Aun así, impulsados, no sólo por el instinto de conservación, sino habiendo llegado a un grado de insatisfacción extremo, exponen sus vidas para buscar el bien, tanto personal como de sus familias.

La valiosa aportación que hace la presente novela, nos lleva no sólo a la reflexión, sino a la valoración de quienes prefieren arriesgarse, a seguir viviendo un estilo de vida minado y socavado.

La temática no sólo es actual, sino que es compleja, ya que contiene muchos vértices que deben ser analizados con seriedad y profundidad, ya que ignorar que existe el fenómeno inmigrante, es como negar el cambio climático que estamos viviendo como raza humana.

Mi reconocimiento al autor y más, mi agradecimiento, porque aun en medio de una tragedia humana como lo es la migración necesaria, el autor presenta un halo de esperanza cuando, en la búsqueda del sueño americano, nos encontramos con el Autor de los sueños.

Pastor Luis Gabriel César Isunza

Introducción

En la actualidad, cuando se habla de inmigración dentro de los Estados Unidos, un gran número de personas automáticamente piensa en la inmigración ilegal. Otro grupo significativo —quizá el de millones de inmigrantes— contempla con esperanza que alguna reforma o tratado migratorio les pueda ayudar a regularizar su estatus o el de algún ser querido. Y por último, a otro gran porcentaje de personas les produce cierta preocupación, desaliento o falta de sueño por temor a una deportación.

Este libro tiene como principal objetivo equipar a inmigrantes, que como tú, han buscado integrarse plenamente a una sociedad y cultura angloamericana sin dejar atrás sus raíces y el sueño por el cual han venido a los Estados Unidos. A quienes, quizá las diversas circunstancias de lo largo y tedioso del camino, pareció arrebatarles su libertad y esencia propia.

Por ningún motivo este libro trata de promover la inmigración ilegal dentro de los Estados Unidos; ni tampoco incitar a infringir las leyes establecidas bajo la soberanía de este país o ponderar a quienes intencionalmente han buscado burlar los estatutos migratorios. Sin embargo, a través de relatos mencionados en su contenido, podrás identificarte a ti mismo o a algún miembro de tu familia, y así encontrar una guía que te ayudará a vivir una vida plena y abundante.

Capítulo 1

En busca del sueño americano

Mi corazón comienza a latir violentamente mientras espero ser trasladado a una de las celdas en la prisión local del condado de Broward en Fort Lauderdale, Florida. Me encuentro con los hombros erguidos y los brazos colgando como una plomada, los cuales logro levantar con dificultad, las rodillas temblorosas no concibo cómo pueden sostenerme. Me encuentro invadido por el temor, que desde mis entrañas y sin clemencia, se ha apoderado de todo mí ser. Seco las manos sudorosas en mi pantalón, trato de disimular el evidente temor que tiene abatida mi alma y me dispongo a observar atentamente lo que pasa a mi alrededor.

Junto a mí se encuentran Paul, Frank, Joe y Keith. Sus rostros manifiestan la inquietud que tienen por saber a qué celda nos dirigirán, y cómo seremos recibidos por los prisioneros del penal. Mirándonos los unos a los otros, esperamos que un oficial de policía aparezca para recogernos y trasladarnos a la celda que tendremos asignada por los próximos años.

Finalmente, después de unos minutos, que para mí han parecido horas, aparece el oficial de policía.

—Buenas noches caballeros —dice el oficial con una sonrisa en su rostro—. ¡Por aquí, síganme!

En cuanto cruzamos la primera puerta de acero, vuelvo a limpiar el exceso de sudor sobre mi pantalón, mientras observo cómo se abre un segundo portón, después de cerrarse abruptamente la primera puerta a mis espaldas. "¡Oh no!", pienso "¿qué estoy haciendo aquí?"

Las sólidas y gélidas paredes del penal sobresalen a lo largo de los pasillos monitoreados con un alto nivel de seguridad. Al ir caminando en dirección al ascensor que nos conduce a la celda localizada en el quinto piso, ya hemos cruzado varias puertas de acero y vidrio blindado del amedrentador camino. "¡Caray! Esta sólo es una cárcel local", pienso "¿cómo serán las cárceles de máxima seguridad?"

No sé por qué, pero parece que me he dado a la tarea de tomar un reporte completo de lo que veo a mi alrededor, como si se me hubiera asignado rendir un informe detallado de mi entorno. Recuerdo que ni en mis mejores años de estudiante procuré prestar atención con tanto lujo de detalle en las excursiones o campamentos de investigación, aun cuando existiera un incentivo para acrecentar mi evaluación académica.

Sentados sobre una banca metálica ensamblada al suelo con tornillos de acero; un par de jovencillos con el rostro indiferente esperan ser procesados mientras les entregan sus uniformes y les asignan sus celdas. En el siguiente pasillo, se encuentra un prisionero aseando los corredores mientras es custodiado por unos oficiales. Un grupo de internos caminan esposados de dos en dos, con sus Biblias bajo el brazo, escoltados por supuesto, por un guardia de seguridad.

Volteando el oficial hacia nosotros, señala:

—Esos jóvenes se dirigen a su estudio bíblico de los jueves.

Al llegar al ascensor el oficial detiene la puerta para darnos paso. Sin apartar ni un solo segundo la mirada del brazo de Paul, hace evidente la curiosidad que le tiene invadido, cuando sin mayor disimulo, pregunta:

—¿Dónde te hiciste ese tatuaje?

—Me lo hice en Brooklyn cuando cumplí dieciocho años de edad—. Contesta Paul, con cierto titubeo dudando de la intención de la pregunta.

—¿Ah... sí? y ese gráfico representa... ¡Espera!... ¿De quién es ese rostro?

Sin vacilar, Paul contesta:

—¡De Jesús!— Y sin menor aforo continúa diciendo—: Al cumplir dieciocho años mis padres me permitieron tatuarme. Mi padre, siendo un hombre que a lo largo de mi vida ha procurado aconsejarme sabiamente, me advirtió que cualquier inscripción que pusiera en mi cuerpo permanecería por siempre. Así que tuve que pensar muy bien lo que iba a escoger antes de hacerlo. ¡Gracias a Dios no coloqué el rostro o el nombre de la novia que tenía en ese entonces!

El brazo de Paul no sólo es musculoso, tonificado y dos veces del tamaño del mío, sino que el tatuaje con el rostro de Jesús luce muy bien en él.

—Muy bien caballeros, hemos llegado al quinto piso —dice el oficial, en tanto se detiene por completo y comienza a abrirse la puerta del ascensor—. Caminen hacia su derecha, por favor. En cuanto crucemos la primera puerta blindada, estaremos dentro del área dispositiva de alta seguridad. Allí tendrán que mostrar, una vez más, sus pases a los oficiales en turno... Ah, una cosa más, no pueden pasar por alto esta recomendación: Al entrar en la celda recuerden no establecer contacto físico con los internos. Sean prudentes al presentarse, no den nombre y apellido, no dejen olvidadas sus Biblias ni ningún otro objeto personal que pueda comprometer a ustedes o cualquiera de sus familiares.

Toca nuevamente un timbre para que nos abran la puerta de acero; espera pacientemente a que esta sea abierta. Queriendo mostrar amabilidad y autoridad al mismo tiempo, permite que crucemos por delante. En cuanto pasamos del otro lado de la puerta se detiene, y al cerrarse esta a sus espaldas añade:

—Hasta aquí llego yo caballeros, vayan con los oficiales que están dentro del módulo frente a ustedes y muéstrenles sus pases para que les den acceso a la celda 5C-2. A las nueve en punto los encuentro en esta misma puerta para acompañarlos hasta la salida.

En tanto llegamos al módulo un oficial nos pide que le mostremos el carné. Toma nuestros nombres mientras el otro oficial sale del módulo para acompañarnos dentro de la celda. Entramos a la celda donde hay por lo menos unos veinte prisioneros, unos jugando dominó, otro grupo jugando cartas, mientras en otra sección están entretenidos con un programa de televisión (por cierto, el programa debe estar tan bueno que ni se inmutaron a nuestra entrada). Entonces Paul, tomando ventaja de su personalidad, con un tono fuerte y con las manos junto a su boca, simulando un megáfono para incrementar el tono de su voz, nos presenta a cada uno de nosotros.

—Amigos... mi nombre es Paul y ellos son Frank, Joe, Keith y Jacobo. Sabemos que no todos ustedes pueden asistir a capilla los días jueves, por eso es que hemos venido esta noche a visitarles. Los que quieran unirse a nuestro estudio serán bienvenidos, si no tienen Biblias no se preocupen, nosotros tenemos el estudio y los versículos que usaremos impresos en estas hojas.

Tomo la oportunidad para hacer el mismo anuncio pero en español. Me siento extraño porque puedo ver en sus rostros que no entienden ni media palabra de lo que acabo de decir. Sin embargo, mucho hacen en sonreír. En el fondo de esta enorme celda, veo un adulto joven, moreno, con el rostro contorsionado por su amargura saliendo de un separo, levanta su mano y agrega:

—¡Yo me uno a su misa!

De todos los presentes, solamente se acercan a nosotros un grupo muy reducido de cinco convictos, incluyendo el hispano. Un grupo pequeño, pero suficientemente grande para que podamos comenzar el ministerio que mis amigos, mis hermanos en Cristo y yo, podamos llevar en práctica como parte de un proyecto misionero de nuestra iglesia. Así que ponemos manos a la obra y comenzamos a ministrarles las buenas nuevas a través de estudios bíblicos con un mensaje de aliento y esperanza.

Mientras comenzamos a saludar a quienes se están uniendo al estudio, el hombre que respondió a mi anuncio en español, se para junto a mí profiriendo:

—Hola, mi nombre es Pedro Andrés Álvarez.

—¿Qué tal Pedro? Yo soy Jacobo.

—Mucho gusto, Jacobo. Sabes… no tengo Biblia, ¿les importa que me una a ustedes?

—¡No te preocupes Pedro! Bienvenido —le digo mientras le doy una pequeña palmada en el hombro—. Te presto la mía. De todas maneras los versículos están en esta hoja. Por lo pronto escuchemos a este amigo; nos va a instruir para que sepamos cómo vamos a llevar nuestros estudios los días jueves… —Nos integramos al resto del grupo—. El señor que está por hablar ahora, Joe, es un miembro de nuestra iglesia, le encanta hacer ejercicio y tiene estudios en nutrición y una licencia de entrenador de fisicoculturismo. Todas las mañanas va a un gimnasio local en el área donde vivimos. Mientras veníamos en camino propuso que cada semana comencemos con una rutina de ejercicios, para seguir después con el estudio bíblico. ¿Qué te parece? Creo que es una excelente idea, ¿no?

Al terminar de darle una breve semblanza acerca de Joe a Pedro, toma la palabra Joe y dice:

—Muy bien, amigos. ¿Qué les parece si comenzamos con un poco de calentamiento y seguimos con la rutina de ejercicios?

Entre risas y susurros iniciamos la sesión de calentamiento.

—¡Pobre Frank! No tiene ni el más mínimo sentido de coordinación. Apuesto que… ¡jamás en su vida ha hecho una sentadilla! —comenta Keith.

El grupo completo no puede contener una carcajada, y de inmediato Joe agrega:

—No te preocupes, Frank, ¡sólo estamos calentando!

—¡Caray! —dice Pedro—. En verdad que este hombre conoce bien su negocio. No hemos hecho sino que pura tensión física por cinco minutos y ya estoy sudando la gota gorda.

Una vez terminada la rutina de ejercicios, Paul toma el control y comienza a repartir el estudio de la noche: "Cuando Dios hace lo inesperado".

—Ahora sí, caballeros, comencemos nuestro estudio de esta noche.

Tomo mi Biblia y le comento a Pedro:

—La versión de la Biblia que traje esta noche es en español, ¿quieres unirte al grupo o nos sentamos tú y yo por separado? Si nos sentamos tú y yo aparte, al leer algún texto bíblico, evitaremos cualquier tipo de distracción al resto del grupo.

—¿Sabes...? ¿Cómo me dijiste que te llamas? —me pregunta Pedro.

—Jacobo, mi nombre es Jacobo, amigo.

—Con estos amigos aquí —continúa diciendo Pedro—, no tengo con quien hablar en español. Así que un poco de español esta noche no me vendría nada mal.

Viendo que tenemos algo en común, optamos por separarnos Pedro y yo, y llevar nuestro estudio en español, uno a uno. Nos sentamos en una mesa con bancos, fríos como el hielo, incrustados en el piso. Tomo la primera pregunta del estudio y la leo en voz alta:

—¿Qué hay imposible para Dios?

Ignorando mi interrogación, Pedro responde con otra pregunta:

—¿Sabes por qué estoy aquí?

De inmediato viene a mi mente, que en la orientación que tomé, antes de obtener mi licencia para visitar reclusos y compartir estudios bíblicos en la cárcel; el instructor comentó: "Allí dentro, nadie es culpable y todos son víctimas. Así que... eviten preguntar la razón por la que están recluidos". Por lo tanto, aplico la misma técnica de Pedro; eludiendo su insinuación, pronuncio una lista que viene a mi mente de las cosas que son posibles para Dios, y concluyó con la siguiente afirmación:

—¡No hay nada imposible para Dios!

Volteo a ver el reloj de la pared que está fuera de la celda sobre el módulo de vigilancia y me doy cuenta que son apenas las ocho de la noche.

Una vez más insiste Pedro en darme cuentas del motivo por el cual está recluido en el penitenciario. Sé que me recomendaron no preguntar la razón por la cual está aquí, y tampoco intimidar con los internos, pero no puedo detener su deseo de expulsar algo que lleva dentro. Así que lo dejo hablar.

Sentado en su álgido banquillo frente al mío, Pedro recarga sus codos sobre las rodillas y con su rostro entristecido agrega:

—Fue toda una travesía salir de Centroamérica para llegar a este país. Llevo siete años viviendo aquí; pensé que había logrado el "sueño americano", y ahora ¿qué?... Mi sueño se ha desvanecido por completo, y encima de todo, encaro un proceso de deportación.

—¿Siete años viviendo en Estados Unidos, y encaras un proceso de deportación? —comento con asombro.

—Sí. —Meneando la cabeza Pedro continúa diciendo—: lamentablemente cometí un error gravísimo. Dos años después de haber llegado a los Estados Unidos, conocí una hermosa mujer angloamericana de quien me enamoré perdidamente. Cuando le propuse matrimonio, su familia se opuso rotundamente. Alegaron que la única razón por la que yo quería casarme con ella era para obtener mi residencia permanente y más adelante la ciudadanía. Lo cual consideré una suposición absurda, completamente a priori e incoherente. —Sin esconder el dolor que Pedro lleva dentro se ruboriza por el furor y agrega—: Para demostrar que estaban totalmente equivocados, que mi amor era genuino y que en ninguna forma quería utilizarla como carnada para obtener un estatus legal en el país, le propuse que viviera conmigo en unión libre. Al final, ella aceptó después de haberla persuadido incansablemente. Viví cinco años maravillosos junto a Anna, hasta que... —hace una pausa, no pudiendo contener las lágrimas.

—Tranquilo Pedro, no llores. Si quieres, déjalo así, no tienes porqué contarme.

—No, no... perdón, déjame continuar, por favor —continúa diciendo Pedro, limpiándose las lágrimas con las mangas de su camiseta—. Habiendo vivido juntos por más de un año, nos enteramos que Anna no era fértil. Por lo tanto, nunca llegaríamos a tener hijos. Eso a mí no me importó, estaba enamorado de ella y hacerla feliz era lo único que para mí importaba. Tres años más tarde, cuando la familia se convenció de que mi amor por Anna era sincero, ejercieron presión para que nos casáramos. Pero mi orgullo era mayor que cualquier tipo de apremio que pudieran ejercer sobre nosotros. Así que con mi altivez, postergué ese matrimonio lo más que pude, y no fue sino hasta hace un año, después de tanta súplica de mi amada Anna, que decidí llevarla al altar.

—Pero, ¿dónde está el error, mi amigo? —comento con asombro.

Pedro termina de limpiarse las lágrimas, agacha la cabeza, pasa los dedos de las manos sobre su cabello del frente hacia atrás y de atrás hacia el frente, finalmente agrega:

—Lo que pasa es que dos semanas después de haberme casado con Anna, solicité mi residencia permanente al departamento de inmigración. Todavía no se cumplía el mes de haber sometido mi solicitud, cuando mi amada Anna... ¡ay mi Anna linda! Repentinamente fallece de un infarto fulminante al corazón.

—Lo lamento mucho, Pedro. Pero... —Sin poder encontrar palabras para consolar a Pedro, digo lo primero que me pasa por la mente—, ¡no entiendo!... Si ya estabas legalmente casado y comenzaste con tu trámite de residencia, ¿cómo es posible que estés en proceso de deportación?

—Lo que pasó fue que mi caso aún no había sido aprobado en el momento que falleció Anna. Por tanto, tuve temor que mi visa fuera revocada, así que contraté un abogado para que se hiciera cargo de todo. El mismo abogado me aseguró que si el cónyuge ciudadano estadounidense que peticiona fallece antes que la petición sea aprobada, el beneficiario puede permanecer en los Estados Unidos esperando la decisión del Servicio de Inmigración y, que muy probablemente, me otorgarían la residencia permanente en base a razones humanitarias. La ley ha permitido recibir la residencia permanente a viudos de ciudadanos estadounidenses que hayan estado casados por un período no menor de dos años, que no se hayan vuelto a casar y que no hayan estado separados legalmente del cónyuge fallecido. Lamentablemente, el día que tuve mi entrevista con el oficial de inmigración, enloquecido y cegado por el dolor de haber perdido a mi amada Anna, no pude responder pasivamente a las preguntas del oficial. Cuando insinuó que yo me había casado con Anna para conseguir mi residencia permanente, me levanté de la silla en la que estaba sentado y comencé a rechazar su alusión en un tono muy elevado. Con deseos de abofetearlo por hacer tal sugerencia, de forma amenazante golpeando repetidamente con mi índice sobre su pecho, indiqué que no por ser oficial de inmigración tenía derecho a suponer tal denuncia con esa clase de aseveración. Entonces, el hombre de manera muy controlada, dio un paso hacia atrás y se disculpó diciendo que tenía que salir un momento del cubículo en el que nos encontrábamos.

—Pero, ¿cómo se te ocurrió hacer eso? Y qué... ¿salió de allí para solicitar refuerzos y arrestarte?

—No, para nada. Simplemente fue con otro oficial, yo lo podía ver desde ese cubículo a la distancia. Hablaron por un par de minutos con mi expediente en su mano, mientras lo revisaban. Al terminar de hablar con el otro hombre, regresó a su cubículo, se sentó en el escritorio frente a mí, sus ojos parecían llamas ardientes. Sin embargo, pasivamente me devolvió mi pasaporte "sin ningún sello" y me pidió que esperara una respuesta por correo. Amablemente se puso de pie y extendiendo su brazo sugirió que saliera de su cubículo cediéndome el paso.

»Tres semanas más tarde me llegó una carta de inmigración diciendo que mi petición había sido negada y que tenía ciento ochenta días para salir del país. Sin tratar de investigar nada, asumí que el caso había sido negado debido al comportamiento que tuve durante la entrevista con el oficial de inmigración. Así que ese mismo día confundido por la pérdida de Anna y la negación a mi solicitud de residencia, sin razonar lo que estaba haciendo fui y me metí a un bar. Desde que entré a ese lugar de mala muerte, pasé toda la tarde tomando sin moverme de la misma barra. Al anochecer, después de pagar la cuenta, me levanté tropezándome con las sillas a mi alrededor. Tratando de conectar mi cerebro con el resto del cuerpo, salí como pude del lugar tambaleándome en dirección a mi auto. Mientras intentaba abrir la puerta del carro, una turba de maleantes comenzó a pelear allí mismo en el estacionamiento de esa plaza. Tardé más tiempo en darme cuenta de lo que pasaba y en tratar de alejarme del fragor de esa batalla, de lo que tardó en llegar la policía. Sin poder hacer nada, mientras unos huían como podían, a mí me confundieron con uno de esos pandilleros, y sin preguntar más, fui injustamente arrestado. Cuando se dieron cuenta de mi situación migratoria, no sólo me levantaron cargos por alterar el orden público, sino que notificaron a las autoridades migratorias para comenzar el proceso de deportación.

No estoy supuesto a intimidar tanto con los prisioneros, pero debo confesar que Pedro me tiene completamente sumergido en su relato. Creo que lo mejor está por venir, sin embargo, Pedro se detiene al escuchar que me llaman de la mesa de junto.

—Jacobo, ya es hora de irnos —dice Paul desde la mesa de un lado—. En cinco minutos vendrá el oficial a encontrarnos en la puerta de salida de éste módulo. Acérquense a nosotros y despidámonos en oración.

—No lo puedo creer, Pedro —añado con consternación—. ¡Qué pena! Lamentablemente se nos acabó el tiempo y estamos por irnos. Si gustas continuamos con nuestra plática el próximo jueves, mientras tanto estaré orando por ti toda esta semana. Vamos a unirnos con los muchachos para la oración de despedida.

Aprovechando la oportunidad mientras nos despedimos, uno de los muchachos internos, Jonathan, pide guiar la oración. Comenta que el siguiente lunes tendrá una audiencia en la que dictarán su sentencia, antes que lo trasladen a una cárcel federal. Además de orar por su caso, ora por el grupo de misioneros que guían el estudio de los jueves, para que el ministerio sea de bendición y crezca numéricamente.

Terminamos de orar y nos despedimos de los muchachos con un apretón de manos y un ligero abrazo, acercando grácilmente hombro con hombro. Al despedirme de Pedro, le aseguro que vendré a verle la semana siguiente.

Capítulo 2

Un par de maletas

UN PAR DE MALETAS Y UN COSTAL LLENO DE ESPERANZAS

— ¿Cómo? ¿Estás diciendo que no podré salir de los Estados Unidos hasta que haya disponibilidad de visas?

José, al igual que muchos inmigrantes, llegó a los Estados Unidos con la esperanza de ofrecer a su familia un futuro mejor en "el país de las oportunidades". Al mismo tiempo que consideraba a los Estados Unidos como un país estable, ordenado y prometedor; procuraba mantenerse lo más lejos posible de las crisis políticas y sociales, de los gobiernos y gobernantes corruptos, del desempleo, la delincuencia, etc.; por mencionar algunos de los problemas que enfrentan la mayoría de los países de América Central y del Sur.

Decidido a dejar una vida llena de complejidades y con el propósito de conquistar el "sueño americano" para no volver atrás, ¡José quemó las naves!

Al quemar las naves, José llevaría a cabo un plan similar —analógicamente hablando— al que Hernán Cortés realizó en el siglo XV cuando arribó a América.

«Se dice que Hernán Cortés tenía un plan para dirigir una expedición a México y conquistar el imperio azteca. Cuando le comunicó al gobernador español su estrategia, éste se entusiasmó de tal manera que le proporcionó once barcos y setecientos hombres. Poco se percató el gobernador de que Cortés no le había dicho todo su plan.

Después de navegar varios meses, los once navíos atracaron en el puerto de Veracruz en la primavera de 1519. Inmediatamente después de que los hombres descargaron los bajeles, Cortés puso en marcha el resto de su plan: procedió a incendiar las embarcaciones. Eso es lo que se llama no dar marcha atrás. Eso es lo que se llama ¡quemar las naves! Cortés no regresaría. Por eso quemó las naves»[1].

Esa fue la convicción que José sintió para no volver atrás.

CAMBIO DE CURSO INESPERADO

Habían pasado dos años desde la última vez que su abogado de inmigración le había dicho a José:

—¡Te prometo que un año tienes tu *green card*!

Sin embargo, parecía estar más lejos que nunca el obtenerla. José, se había desentendido por completo de cualquier trámite migratorio, ya que para ello había contratado a un abogado de inmigración. Lamentablemente, a su abogado "se le traspapelaron" las solicitudes de ajuste de estatus, presentándolas de manera extemporánea después del último viaje que José hizo a México.

—Hay una sección o ley llamada 245(i) que permite regularizar el estatus de todo aquel, que ya sea por 15 días o más, haya quedado fuera del mismo —dice el abogado de inmigración—. La única condición es haber sometido su solicitud de certificación laboral ante el departamento del trabajo antes del 30 de abril del 2001, ¡y este es tu caso! Pero... tendrás que esperar a que haya disponibilidad de visas conforme a tu categoría —insiste.

---

[1] Steve Ferrar, *El Hombre Guía*, Editorial Mundo Hispano El Paso, TX, 1997, Pág. 67. (Ilustración adaptada, el autor utilizó esta ilustración para hablar del hombre de una sola mujer.)

Más que un obstáculo, perece una carga adicional a la lista de retos que José viene enfrentando desde su llegada a los Estados Unidos. El par de maletas y el costal lleno de esperanzas parecen haber cambiado su contenido, haciéndolo cada vez más difícil de llevar.

Quién iba a decir que un cambio cultural, social, filológico y de condiciones laborales sería todo un desafío, y por si fuera poco... un peso más con este asunto migratorio.

A partir de ese momento, José comenzó a sentir turbada "su libertad emocional".

—Mira mi amigo, ¡yo no sé cómo le vas a hacer! pero yo no me voy a exponer, por culpa tuya, a una deportación, ni nada por el estilo —dice José—. No tienes idea el trabajo que me ha costado aprender inglés e irme abriendo paso, para perderlo todo por una falta como esa. ¡Así que te pido que lo resuelvas cuanto antes!

Al despedirse, estrechando las manos, José mantiene la mirada fija en el abogado, buscando en él hostilidad alguna. Y por supuesto, las palabras pronunciadas por su representante, con tanta indiferencia, continúan haciendo eco en su cabeza:

"¡No podrás viajar fuera de los Estados Unidos hasta que haya disponibilidad de visas!"

"¡Vaya!", piensa José, "parece que no sólo yo quemé las naves, sino que este tipo las quemó también por mí".

PROCESO DE ADAPTACIÓN

Al subirse a su automóvil para volver a casa, José se lamenta diciendo:

—¡Debí aprovechar la oportunidad de volver a México cuando me lo ofrecieron! Si el abogado no hubiera cometido ese error ¡todo estaría bien! Pero con esta brillante capacidad de mi asesor migratorio, a ver si no vienen los de inmigración por mí y me deportan.

»Si me deportan —continúa diciendo—, conseguir un perdón fuera de los Estados Unidos me va a llevar años antes de que me den permiso de entrar nuevamente. Parece que estas puertas se cerraron, ¡ahora sí que estoy en una encrucijada!

En su confusión, con mil ideas dando vueltas por su cabeza, un centellazo captura su mente al recordar aquel día en el que recibió una llamada telefónica de su colega en México. Estaba por cumplir el tercer año de su estadía en los Estados Unidos, cuando en la perplejidad generada por la charla con su colega no sólo pensaba que había venido dispuesto a conquistar el "sueño americano", sino que se sentía moralmente comprometido —con él mismo y con su familia— a seguir adelante con sus planes iniciales, aun cuando las cosas no habían salido según lo planeado. Hasta ese momento, ninguno de ellos había considerado la idea de volver a su país natal. Eso quedaba fuera de cualquier tipo de cuestionamiento. Después de todo, "José había ¡quemado las naves!" Ahora era el tiempo para ejercitar su fe y con paciencia esperar su residencia permanente, la *green card*.

Han pasado varias semanas desde que comencé a visitar a Pedro en la prisión. El día de hoy mientras me dispongo a compartir con él un estudio bíblico acerca de la vida de Abraham y del rey Salomón, me desvío un poco del tema para hablar acerca de la vida de mi amigo José. Pero, al ver la mirada de Pedro, extraviada en la distancia, le pregunto:

—¿Pedro, Pedro? ¿Sigues aquí?

Sentado es ese banco frío, rascando su barbilla con aparente intriga, Pedro me dice:

—Por supuesto, Jacobo. Nada más estaba pensando qué le hubiera hecho yo a ese abogado, de haber estado en el lugar de José.

—Ni me lo quiero imaginar, Pedro. Después de escucharte decir la manera en que te molestaste con el oficial de inmigración, podría presumir que no le hubiera ido nada bien al abogado. Como podrás darte cuenta, no eres el único que pasa por un problema migratorio. Aunque José no tuvo el problema con el oficial de inmigración, la negligencia de su abogado lo puso entre la espada y la pared… ¡Híjole! Ya se nos fue la mitad del tiempo y aún no hemos comenzado con el estudio de esta semana. Dejemos de hablar, te prometo que en otra ocasión te platico más acerca de José; por ahora, repasemos la guía de estudio que traje. Los gringos deben de estar por terminar, y nosotros ni siquiera hemos hojeado el bosquejo.

Queriendo abordar la lección de hoy, le pregunto a Pedro:
—¿Ya viste cómo se titula el estudio? Interesante título, ¿no?, *"¿Hay algo más?"*

—Sí Jacobo, de hecho estaba pensando en la primera pregunta: *"¿Alguna vez has sentido que debe haber algo más de lo que has logrado?"* Eso fue exactamente lo que me trajo a este país. Dentro de mí había algo que me decía: "Debe haber algo más para ti, Pedro". Y aunque me imaginaba lo que tendría que pasar para poder llegar a este país, no me importó con tal de ir en búsqueda de ese "algo más".

Encuentro apropiado el comentario de Pedro para comenzar con el estudio, entonces agrego:

—Pues no eres el único que ha pensado en ello alguna vez en su vida, Pedro. Recuerdo que a mediados del año dos mil cinco, el famoso mariscal de campo (*quarterback*) del equipo de la liga de fútbol americano los Patriotas de Nueva Inglaterra, Tom Brady, fue entrevistado por un corresponsal del programa "60 Minutos". Durante la entrevista, el mismo Tom se hizo una pregunta: "¿Por qué he conseguido tres victorias de cuatro juegos de *Super Bowl*, y todavía creo que hay algo más grande ahí para mí? Quizá mucha gente diría: 'Oye Tom, ¿quieres aún más?'. Alcancé mi meta, mi sueño, mi vida. Pero aún pienso: 'Dios, tiene que haber algo más que esto'. Quiero decir, que esto no puede ser todo lo que hay". Entonces, el corresponsal del programa retó a Tom para que respondiera su propia pregunta. Sin mucho argumento Tom simplemente manifestó: "Ojalá lo supiera".

»¿Te imaginas, Pedro? Exteriormente Tom parece tener "todo": fama, dinero, un prestigiado equipo que lo apoya y una novia modelo profesional de alto perfil. ¿Pero qué pasa en su interior? Como todos… está en la búsqueda de algo más. Al igual que Tom, el rey Salomón, a quien Dios le dio sabiduría e inteligencia extraordinaria, logró grandes riquezas en su vida. Ese hombre quien sería algo así como el Bill Gates de nuestra época (pero registrado como el hombre más sabio sobre la tierra), al detenerse para admirar y hacer un recuento de todas las cosas que había logrado, se percató que nada le daría la satisfacción duradera. Lo consideró todo absurdo y como correr tras el viento[2]. ¿Alguna vez te has sentido así, Pedro? ¿Como si estuvieras corriendo tras el viento?

—Bueno, yo no he logrado tener fama, y mucho menos, riquezas. Pero; sí creo, en cierta forma, que el ir en búsqueda de un mejor futuro fue como haber corrido tras el viento. ¿Recuerdas el día que te comenté que había sido toda una travesía venir a vivir a los Estados Unidos?

—Claro que recuerdo que lo mencionaste —afirmo.

—Bien, pues ya me dirás después de escuchar lo que te voy a contar, si tengo o no razón para decir que me siento como haber corrido tras el viento. Mi viaje comenzó cuando me uní a un grupo de inmigrantes, de los cientos de miles de centroamericanos que cruzan ilegalmente desde sus países a lo largo de la frontera del sur de México, a través de más de setecientos cincuenta kilómetros de río, pendientes volcánicas y selváticas en la parte superior de América Central. Según esto, alrededor de ciento cincuenta mil migrantes se dirigen cada año hacia los Estados Unidos.

»Viniendo desde Guatemala, después de cruzar la frontera hacia México por el Río Suchiate, me quedé albergado un par de días en un lugar llamado la "Casa del Migrante" en la ciudad de Tapachula. Ese albergue para migrantes está situado treinta y dos kilómetros (veinte millas) al norte de la frontera sur de México con Guatemala. Además de recibir hospedaje y alimento en este lugar; un sacerdote me dio un cierto adiestramiento. Me impartió charlas, folletos y advertencias sobre los problemas que enfrentaría a lo largo del camino hasta mi llegada a la frontera con los Estados Unidos. A pesar de ello, nunca imaginé lo complicado que sería atravesar México. Tapachula es

---

[2] Eclesiastés 1:14

precisamente dónde los peligros comienzan; con ladrones, narcotraficantes, extorsionistas en uniformes oficiales de la policía, aparte de los contrabandistas humanos (llamados coyotes) quienes cobran de cinco a siete mil dólares por persona, por cruzar centroamericanos desde la frontera sur de México hasta introducirlos a los Estados Unidos. Como yo no tenía esa cantidad de dinero para pagar a esos matreros, tuve que optar por seguir mi propio camino y enfrentar todos los retos prácticamente solo...

—¿Cómo sabes que cobran esas sumas de dinero, Pedro?

—La gente del área lo comenta abiertamente, Jacobo. Es un secreto a voces. Además cuando te ven con mochila en hombro asumen que estás dispuesto a pagar lo que sea a cambio de sus servicios. Pero eso no es nada... según esto, hay grupos con operaciones internacionales más sofisticadas, que cobran varias veces esa cantidad por el contrabando de emigrantes que han llegado a Centroamérica por mar o por aire: chinos, africanos, asiáticos del Sur. Por cuestión de logística para el contrabando de indocumentados, América Central, es geográficamente el puerto de entrada **para el migrante ilegal de todo el mundo.** Pero para quienes no pueden viajar en líneas de lujo con esos coyotes, la manera de salir de Tapachula en dirección a los Estados Unidos es abordando un tren de carga. Así que, sin más remedio, tuve que subirme a esa ruidosa máquina en la que un grupo de migrantes, al igual que yo, iban aferrados como moscas a los techos y costados. A esa locomotora la llaman "La Bestia".

Intrigado por el nombre de esa locomotora, le pregunto a Pedro:

—¿Sabes por qué la llaman "La Bestia"?

—¡Claro! Por su imponente tamaño y el ruido de los metales que la componen. Además de las atrocidades que comete cuando alguien la aborda sin mostrarle respeto. De hecho, el día que salíamos de la "Casa del Migrante", al despedirnos, el sacerdote hizo una recomendación enfática: "No se cuelguen de los trenes cuando se encuentran en movimiento. Es mejor esperar el próximo tren que perder una pierna". A pesar de las cuantiosas advertencias sobre la importancia de no subirse a la locomotora mientras está en movimiento y de permanecer despiertos en los techos de los vagones, para evitar perder el control y caer para ser descuartizado o perder la vida; imagino que muchos, vencidos por el cansancio, caen desde arriba del tren para ser atropellados por sus imponentes ruedas de metal. La exhortación no fue hecha a la ligera. Tan es así, que entre los folletos que nos entregó el padrecito, uno de ellos tenía la información de un servicio de recuperación en Tapachula, el cual recibe migrantes que arrollados por los trenes de carga han perdido brazos o piernas.

»A Dios gracias, que junto a mí venía un hondureño que iba de regreso a Houston. Él ya conocía el trayecto puesto que lo había recorrido en repetidas ocasiones. Sabía de los lugares, a lo largo de las rutas del tren de carga, dónde se reparte gratuitamente alimento a los migrantes que abordan los vagones del ferrocarril...

Mientras Pedro cuenta su anécdota, volteo a ver el reloj de la pared sobre el módulo de vigilancia y me percato que el tiempo se nos ha ido casi por completo. Como de cualquier manera no quedaría tiempo suficiente para revisar todo el estudio, lo dejo que siga hablando. Así que sin más ni más, Pedro continúa el relato.

—En un lugar selvático, dónde había un retén, un grupo de maleantes saltó sobre los vagones para golpear y robar a los migrantes. Afortunadamente, mi ángel de la guarda, así le digo al hondureño, me condujo sobre los techos de los vagones hacia el frente de la locomotora para evitar ser visto por esos tipejos. Según él, la policía de esos lugares está vinculada con los asaltantes, y si ven como bajan a los migrantes de la locomotora para despojarlos de sus pertenencias, simplemente observan la escena sin hacer nada al respecto. En otros sectores del camino hay ladrones en las carreteras, que no sólo se suben a los vagones con machetes para asaltar a los migrantes, sino que aprovechan la circunstancia para violar a las mujeres que viajan solas.

»No es fácil mi amigo, cuando el día alcanza los 50 grados centígrados (es decir, unos 120 grados Fahrenheit) rendido por el cansancio de venir aferrado a esos fierros corroídos por la intemperie, y el calor infernal, dan ganas de saltar del vagón y volver a casa. Pero con tal de alcanzar el "sueño americano", uno es capaz de redoblar esfuerzos. A pesar de todos los obstáculos, hay individuos que lo intentan una y otra vez... como es el caso de mi ángel de la guarda; quien esta última vez, tuvo que regresar a Honduras cuando su madre murió.

—¡Qué bárbaro! ¿Así que viajaste más de dos mil quinientos kilómetros, arriesgando tu vida, a lo largo de todo México, sobre un vagón de un tren de carga?

—Pues sí, Jacobo. Tenía que jugarme el todo por el todo, la inestabilidad económica de mi país era terrible. Mi padre siempre me dijo: "En este país, lamentablemente, nunca vamos a avanzar, busca nuevos horizontes". Y ya ves, ese deseo dentro de mí en busca de "algo más", fue el motor de impulso que me trajo hasta aquí.

Volteo a ver el reloj nuevamente y de reojo veo que mis amigos comienzan a despedirse.

—Pedro, creo que fuiste muy valiente desafiando el peligro al viajar sobre esa "Bestia"; pero, quizá haya requerido más valor burlar las autoridades migratorias cuando cruzaste la frontera hacia los Estados Unidos. Ojalá otro día me puedas contar como lo hiciste. Lamentablemente hoy ni siquiera nos queda tiempo suficiente para concluir con el estudio. Si gustas, te dejo el resumen de hoy y las notas del estudio que veremos la próxima semana. El título me parece apropiado para complementar la anécdota que me acabas de contar: "Desafiando los retos y adversidades de nuestra vida". Antes de que venga el oficial para anunciar mi salida, acerquémonos a los muchachos para despedirnos con una oración.

—Está bien, en la primera oportunidad te cuento lo escalofriante que fue cruzar de incógnito por la frontera. Pero, ¿crees que la próxima semana me puedas seguir contando acerca de José y su caso de inmigración?

—Por supuesto, Pedro.

Capítulo 3

Un camino sin rumbo

¿TIEMPO DE ADAPTACIÓN O CONFUSIÓN?

—¿Bueno? —contesta José al levantar el teléfono. Al ver un número desconocido en el indicador de llamadas asume que se trata de una llamada de larga distancia internacional, y lo más probable es que sea de México.

—¿Qué tal José? —exclama al otro lado de la línea un viejo amigo de José.

Ambos habían hecho buenos negocios juntos en el pasado.

—¿Cómo están tú y tu familia? —dice el amigo para añadir un toque de cortesía al saludo.

—Bueno, pues ya sabes Moisés… he estado trabajando duro, estudiando inglés y echándole ganas para integrarme bien a esta cultura. En verdad, no ha sido fácil. Sin embargo, mi familia está contenta y bastante adaptada. El único problema, por así decirlo —añade José—, es que todavía no he podido obtener mi residencia permanente, y eso me tiene muy inquieto.

—¿Cómo? —declara Moisés con asombro—. ¡Yo pensé que hasta ciudadano eras!

—Cómo crees, si la cosa no está fácil.

Cuando Moisés se percata de su indiscreción, añade con exagerado ímpetu:

—¡Qué importa! No tienes por qué preocuparte. De hecho, te llamo para ver si estarías interesado en volver a México.

De repente las palabras de Moisés "le mueven el tapete" a José.

—¿Qué estás diciendo? Estas bromeando, ¿verdad? —añade con asombro.

—¡Por supuesto que no! —Sobriamente añade Moisés—. Necesito trabajar junto a una persona de confianza que conozca bien el programa ecológico ambiental, y creo que tú eres el candidato perfecto... ¡Piénsalo! No me contestes ahora. Convérsalo con tu familia, y si gustas, te llamo en un par de semanas para comentar la decisión que hayan tomado.

—Hecho, me parece muy bien —dice José—. Entonces... ¿espero tu llamada?

—¡Por supuesto! Te llamo en quince días —acentúa Moisés—. Adiós.

—¡Adiós!

CONFUSIÓN VERSUS DETERMINACIÓN

Sentado, prácticamente inmóvil a un lado del teléfono, José se queda con la mirada perdida en el aire, y piensa: "¡No lo sé! Pero si lo comento con mi familia pensarán que estoy loco —quizás y hasta me digan— pues ¡te devuelves tú solo! Porque nosotros, aquí nos quedamos.

"¿Por qué tendría que dar marcha atrás? Hasta ahora, todo parece ir viento en popa, con la excepción del trámite migratorio. Pero tarde o temprano eso se va a resolver. Si me pusiera a buscar un pelo en la sopa... Por un lado, el tema de la residencia permanente, *green card*, y por el otro, esta llamada... Sería motivo suficiente para suponer que ahí está ¡el pelo en la sopa!

"Qué lucha. ¡Dios mío! ¿No me había dicho a mí mismo en repetidas ocasiones que estaba determinado a permanecer aquí a toda costa? Incluso, devolvernos a México, implicaría que nos tendríamos que resignar y volver a todo aquello que algún día tanto anhelamos dejar en el pasado. Qué necesidad hay de exponer a mi familia nuevamente a los problemas de aglomeración, contaminación e inseguridad de una ciudad cosmopolita, como lo es la Ciudad de México.

"¡Qué angustia! ¿Por qué me inunda esta ansiedad como si el rugir de las cascadas o unas olas se precipitaran sobre mí?"

A partir de ese momento, una lucha interior embistió a José como una gran pesadilla. Cayó literalmente de rodillas identificándose con el escritor de las epístolas del Nuevo Testamento. Aquel que tres veces le pidió a Dios le quitara el aguijón de la carne, y a quien Dios contestó: "Bástate mi gracia"[3]. Exactamente fue lo que tuvo que entender, bastarse en Su gracia, para comenzar a caminar por **fe**.

Intentando aterrizar los confusos pensamientos que divagaban por su mente, concluyó que el aislar de su cabeza la entrevista con el abogado y el recuerdo de la llamada de su amigo mexicano, sería la única forma de correr con perseverancia la carrera que tenía por delante[4].

Comienzo a morirme de frío mientras le cometo a Pedro la historia de José. "No sé por qué mantienen tan baja la temperatura dentro de las celdas", pienso. Pedro ni se inmuta por el frío porque su cuerpo está habituado a esa temperatura. Además, está tan atento escuchándome que no se ha ni movido de ese gélido banquito desde que llegué.

—Veo que te apasiona mucho la vida de José, Pedro. ¿Por qué? —inquiero.

—¡No lo sé! Jacobo. Y aunque no lo conozco… me siento identificado con él.

—Ya lo creo, Pedro. De hecho, hoy pensé lo mismo. Esta mañana mientras pasaba un tiempo a solas con Dios, disfrutando la rica taza de café que tenía entre mis manos, listo para preparar nuestro estudio de esta noche "Desafiando los retos y adversidades de nuestra vida", no pude evitar pensar en los infortunados acontecimientos que viviste al viajar guindado en esa locomotora llamada "Bestia" mientras venías hacia los

---

[3] 2 Corintios 12:9
[4] Hebreos 12:1b

Estados Unidos. También pensé en mi gran amigo José, y sin proponérmelo, comencé a relacionar tus adversidades con las de él. Aunque José llegó en circunstancias diferentes a las tuyas, terminé por concluir que ambos tenían algo en común: una capacidad extraordinaria para enfrentar y desafiar las adversidades con valentía. Después, en mi propia opinión, supuse que para que ambos pudieran haber enfrentado los retos de esta vida, fue necesario haber tenido una vista panorámica. Una visión que les permitió ver hacia la meta, y al mismo tiempo les dio la capacidad de ver en retrospectiva.

—¿Si... y por qué crees que vimos en retrospectiva, Jacobo?

—Porque si bien no pudieron cambiar los acontecimientos del pasado, lo cierto es que se valieron de ellos para enfrentar los desafíos del presente.

—A ver, espérame un momentito, por favor. ¿No podría haber sido que los acontecimientos del pasado nos hubieran deprimido y paralizado?

—Pudiera haber sido; sin embargo, estoy seguro que ambos fueron capaces de visualizar desde el inicio lo que querían lograr y lo llevaron a la práctica. El hecho fue que, a pesar de lo adverso del camino, continuaron hacia la meta. Dicen que, todos los seres humanos tenemos la capacidad de pintar cuadros en la mente, y con ello la oportunidad de ver el resultado final. La diferencia es que no todos tomamos acción. Esa capacidad de ver lo que nació en el pasado es la fuerza motriz que nos ayuda a vencer los retos del presente para seguir avanzando y creciendo. De tal manera que si tenemos la visión pero no tomamos acción, no deja de ser sino un simple sueño. Por otro lado, si tomamos acción sin visión alguna, eso se convierte en una pesadilla. En cambio, si tenemos la visión y tomamos acción, de esa manera podremos llegar al cumplimiento de nuestro sueño. Es decir, la combinación de ambos es el componente necesario para que nuestro sueño sea una realidad.

—En fin... ¿Quieres que te siga contando acerca de José?

—¡Por supuesto que sí, Jacobo!

—Ok, pero antes déjame agregar algo más, aprovechando que estoy inspirado...

Pedro sonríe y comenta:

—¡Vaya que estás inspirado!

—La **fe** juega un papel importantísimo, y cuando está alineada con la voluntad de Dios puede mover montañas. Más adelante te comentaré cómo la **fe** de una mujer "no movió montañas", ¡sino a una familia completa!

»Ahora sí… sigamos hablando de José —le comento a Pedro—. Déjame comenzar desde el principio, antes de la famosa llamada de Moisés.

»A mediados de la década de los 90s, José, su esposa y su hija llegaron al aeropuerto internacional de la ciudad de Miami. Venían completamente ¡felices! y determinados a establecerse en el sur de la Florida. Tenían la plena convicción de que Dios les había dado Su bendición y aprobación para que así lo hicieran. Las bondades de Dios habían sido tan evidentes en sus vidas que no había razón para que dudaran de ello. Todavía no terminaban de salir de la terminal, después de recoger el equipaje y a su querida mascota "Fanny", cuando vieron a sus familiares puestos de pie esperándolos detrás de los cristales verdosos de la sala de espera internacional. Buscando llamar su atención, levantaban las manos agitándolas de un lado a otro para que los ubicaran. Estaban llenos de alegría, y la semblanza de sus rostros expresaba una corta y anhelada frase: "Por fin… ¡juntos otra vez!"

»José venía con mucho denuedo y un cimiento sólido, además tuvo la capacidad de establecer prioridades en la vida. Sus planes ¡difícilmente cambiarían! sabía dónde iba a vivir, en qué iba a trabajar o al menos que posibilidades de trabajo tendría. También sabía a qué escuela asistiría su hija, y hasta la iglesia en la que se congregaría. Sin embargo, no por ello estuvo exento de encontrarse frente a frente con adversidades.

»Pocos meses después de haber llegado a Florida, recibió una llamada del contador encargado de presentar sus declaraciones de impuestos sobre la renta.

—¿José?

—¡Hola Ernesto! ¿Cómo estás?

—Muy bien, gracias. Perdona que te moleste, pero esta tarde vino a mi despacho un auditor de la oficina de rentas de la Secretaría de Hacienda y Crédito Público de Naucalpan. Traía consigo una orden para auditar tu compañía; pero, cuando mi secretaria le dijo que nosotros no guardábamos tus archivos, sacó un requerimiento de su maletín y lo hizo firmar de recibido. Le entregó una copia del documento y su tarjeta pidiéndole que la llames a más tardar este jueves.

—¿Le comentó tu secretaria que yo vivo en el extranjero?

—Sí, por eso le pidió que le llamaras por teléfono.

—Está bien, yo me comunico con el auditor mañana mismo. ¿Te puedo pedir un favor?

—Por supuesto.

—¿Me envías el documento por fax junto con los datos del auditor?

—¿A qué número de fax quieres que lo envíe?

—Al número de fax de mi casa, por favor. ¿Si lo tienes, verdad?

—Sí, yo lo tengo.

—Gracias Ernesto. Después de hablar con él te llamo para coordinar lo que se tenga que hacer.

—Claro que sí, José. Gracias.

—Por el contrario, gracias a ti Ernesto—se despide José—. ¡Hasta luego!

—Adiós —dice Ernesto.

»Colgando el teléfono José pasa bruscamente ambas manos sobre el rostro pensando en voz alta: "Y ahora… ¿de qué se trata este asunto? Nunca había tenido una auditoría, sólo tenía que haberme venido a vivir acá, para que se les ocurriera hacerme una. Conociéndolos van a sacar cualquier excusa para sacarme dinero. ¡A ver si no me dejan en la calle!"

»Después de haber hablado con el auditor al día siguiente, José tuvo que regresar a México en un par de ocasiones para cumplir con el requerimiento de auditoría fiscal ante la "Secretaría de Hacienda y Crédito Público". Afortunadamente terminó el proceso en un período muy corto gracias a la eficiencia de un gran contador quien por más de una década registró íntegramente cada movimiento contable de la empresa en los libros de diario y mayor. Desde luego, no era cualquier contador. Ese hombre es ¡su padre!

»Sin embargo, en el ir y venir en aquél tiempo (y sin proponérselo) comenzó a perder el enfoque inicial. Inexplicablemente fue poniendo en tela de juicio sus planes profesionales iniciales.

»Algo pasó en ese viaje sin explicación alguna, se sintió asaltado por el temor al fracaso, con miedo de hablar inglés. Incluso, el simple hecho de atravesar la puerta principal de la casa en dirección a la calle lo consideraba todo un reto. Se sentía privado de su libertad en su propio domicilio... literalmente preso "detrás de las barras y las estrellas" condenado al silencio en la tierra de libertad.

—Espera Jacobo, —levanta la mano Pedro y pregunta—: ¿No dijiste que José se valió de los acontecimientos del pasado para enfrentar los desafíos del presente?

—Sí, efectivamente Pedro —agrego—. No creas que se quedó obstaculizado y sin hacer nada. A pesar de varios años de luchas internas, fuertes controversias y una exhaustiva catarsis, inició su carrera de asesor inmobiliario "*realtor*[5]" con una de las compañías inmobiliarias de mayor renombre a nivel mundial. Aún cuando tuvo que repetir el examen estatal para obtener su licencia de realtor en varias ocasiones, esta nueva posición, no sólo le permitió liberarse de esa esclavitud nociva, producto de un socavón que lo mantuvo cautivo por un par de años; sino que le ofreció una plataforma para dar la bienvenida a muchos inmigrantes, de diversas nacionalidades, estableciendo estrechas

---

[5] Agente de bienes raíces

relaciones con clientes y amigos, en su mayoría provenientes de Centro y Sudamérica.

Recargo mis codos sobre la mesa, veo a Pedro a los ojos y agrego:

—Su situación no diverge mucho a la de cientos o quizá miles de inmigrantes, quienes en algún momento del camino se han visto prácticamente obstaculizados y frustrados por la situación que sea al ver sus títulos profesionales empolvándose en la pared de la antesala de sus casas. Teniendo que comenzar una nueva faceta en su vidas para ellos y sus familias.

—¿José tenía planeado desde un principio trabajar como *realtor*? —pregunta Pedro extrañado.

—Creo que no, me parece que tenía otros planes. Sin embargo, esta nueva faceta de su vida le vino como anillo al dedo.

—Entonces comenzó una carrera inmobiliaria por casualidad, ¿verdad?

—De ninguna manera Pedro, no fue casualidad, más bien eso es producto de una *causalidad*.

—¿Causalidad? —dice Pedro frunciendo el seño.

—Efectivamente Pedro —aprovecho para continuar con mi relato—. No importa lo adverso que haya sido nuestro pasado, Dios dispone que todas las cosas obren para el bien de quienes le aman[6]. Incluyendo las situaciones más oscuras, y el caso de José no es la excepción. De hecho, su pasado ha sido un instrumento para alentar y guiar a otros a depositar su confianza en Dios en los tiempos de prueba. Como bien sabes, hoy en día, viviendo una profunda crisis inmobiliaria (quizás la más grave que se haya registrado dentro de los Estados Unidos, décadas después de "la gran depresión en 1929"), hay quienes cuestionan la causa y el efecto de la misma. Estos opinan que su origen pudiera deberse a la combinación de la masiva inmigración, la necesidad de vivienda, la constante actividad de construcción y la accesibilidad a una variedad de créditos hipotecarios, como factores principales que nos canalizaron a la llamada "burbuja inmobiliaria". Esta

---

[6] Romanos 8:28

situación caótica causó que el famoso "sueño americano" se convirtiera, para un número alarmante de familias, en una completa "pesadilla americana" mientras se veían obligados a perder sus casas.

»Aunque José no vivió dentro de una burbuja inmobiliaria en el pasado; su juventud e inexperiencia, aunada a una serie de malas decisiones, lo llevaron a una de las peores pesadillas que jamás imaginó vivir. Lo peor de todo fue... que no sólo afectó su economía, sino que le hizo sentir que su vida estaba al filo de un precipicio, dónde la más mínima brisa podría lanzarlo al fondo del abismo. Esto sucedió poco tiempo después de que, con muchos sacrificios y a pesar de múltiples inconvenientes, él y su esposa decidieran comprar en México "la casa de sus sueños". Inmediatamente después de comprar la casa que tanto anhelaron, una devaluación de casi el cien por ciento del peso mexicano frente al dólar le dejó prácticamente en la ruina, debido al nuevo cambio de divisa. Las relaciones comerciales que mantenía con proveedores estadounidenses desde México, le obligaba a hacer el pago de bienes y servicios a sus proveedores precisamente en dólares; mientras que el proceso de facturación y cuentas por cobrar era en moneda nacional mexicana. No importando la forma contable que lo viera, sus obligaciones de pago a sus acreedores se había duplicado de la noche a la mañana o simplemente la cuenta de deudores diversos se había reducido en un cincuenta por ciento.

»No tardó mucho tiempo para que se encontrara en la premura de vender la casa o entregar las llaves al banco. La primera opción parecía prácticamente imposible de realizar debido a la crisis general por la que atravesaba el país. No obstante, sería de manera alguna el camino que le conduciría hacia la salida del túnel.

»Nunca antes se había sentido tan fracasado como en ese entonces. Quizá esa precisamente, había sido la escama más grande en su vida: "el temor al fracaso". Hasta que aprendió, a través de la Biblia, que el gran amor de Dios nunca se acaba y que sus misericordias se renuevan día tras día. "...Pero algo más me viene a la memoria, lo cual me llena de esperanza: El gran amor del SEÑOR nunca se acaba, y su compasión jamás se agota. Cada mañana se renuevan sus bondades; ¡muy grande es su fidelidad!"[7].

»En todo tiempo, tanto su esposa como su hija permanecieron con él brindándole apoyo. Si las hubiera perdido... ¡Eso si hubiera sido un verdadero fracaso! Lo económico pasó a un segundo plano, viéndolo como algo plenamente perecedero, sin saber que en el curso del tiempo lo recuperaría.

—¿Recuperó todo nuevamente? —pregunta Pedro.

—Estoy seguro que sí, y aún más —afirmo con una sonrisa—. Lo más importante fue la lección que aprendió al pasar por esa turbulencia. Por ello, el hecho que José, haya atravesado por una crisis inmobiliaria durante una depresión económica similar a la actual dentro de los Estados Unidos no fue producto de una casualidad, fue el medio que Dios utilizó para transformarlo en quien es ahora. A eso le llama: ¡CAU-SA-LI-DAD!

—¿Causalidad? —vuelve a preguntar Pedro, pero esta vez encoje los hombros agregando—: ¿Me podrías definir causalidad, por favor?

Sonrío al tiempo que le lanzo otra pregunta:

—¿Quieres una definición popular o filosófica?

—La que sea con tal de entender tu palabrita —dice Pedro.

Abro mi Biblia y leo el siguiente texto que anoté algún día en la sección de notas al final de las páginas:

—Causalidad es la "categoría filosófica que denota la conexión necesaria de los fenómenos, uno de los cuales (denominado causa) condiciona a otro (denominado efecto). La causa absoluta es el conjunto de todas las circunstancias cuya presencia determina necesariamente el efecto"[8].

»Atravesar por una abrumadora experiencia fue la *causa* que Dios permitió en su vida, para que años más tarde tuviera el *efecto* de confortar a quienes padecen la misma desolación, y compartirles lo que sólo Dios pudo hacer en él. Teniendo claro

---

[7] Lamentaciones 3:20-23

[8] Diccionario soviético de filosofía. Ediciones Pueblos Unidos, Montevideo 1965. Página 62

que: "Dios no nos conforta para hacernos confortables, sino para hacernos confortadores"[9].

---

[9] Dr. Jowett

Capítulo 4

Cuarenta años por el desierto

HACIA LA META

—Jacobo... —me interrumpe Pedro, aun cuando se veía muy interesado en conocer la vida de José, y agrega—: El problema es mucho más grave que una crisis inmobiliaria o económica. Se trata de una masiva inmigración. Observa nada más las decenas de miles de personas que emigran a los Estados Unidos, ¡todos con diferentes necesidades!

»Algunos, habiendo inmigrado ilegalmente, ya han sido víctimas de la estafa y los peligros en su travesía para llegar aquí. Otros, como fue mi caso, atravesamos la frontera pensando que habíamos burlado la patrulla fronteriza para meternos en la cueva del lobo. Y a los que peor les ha ido, han sido traídos con falsas promesas para someterlos a la esclavitud del siglo XXI.

»No podemos ocultar el sol con un dedo, ni hacernos de la vista gorda ¡muchos ya están aquí! ¿Y ahora... nosotros qué? ¿Qué podemos hacer? —agrega Pedro, golpeando con el puño sobre la mesa—. ¡El mensaje es claro para las autoridades!

»Este país está formado por inmigrantes de todas las nacionalidades, así que les diría: "No opriman al extranjero, pues ya lo han experimentado en carne propia: pues ustedes mismos fueron extranjeros"[10].

---

[10] Éxodo 23:9

De repente abre una libreta y saca de ella uno de los panfletos que recibió en la "Casa del Migrante". Al desdoblar el tríptico me muestra una fotografía del mapa de México, que según él, también está pegado en la entrada de la "Casa del Migrante". El mapa tiene como fin informar a los migrantes tanto de las claves de larga distancia como el trayecto en kilómetros hacia los Estados Unidos. Después agrega:

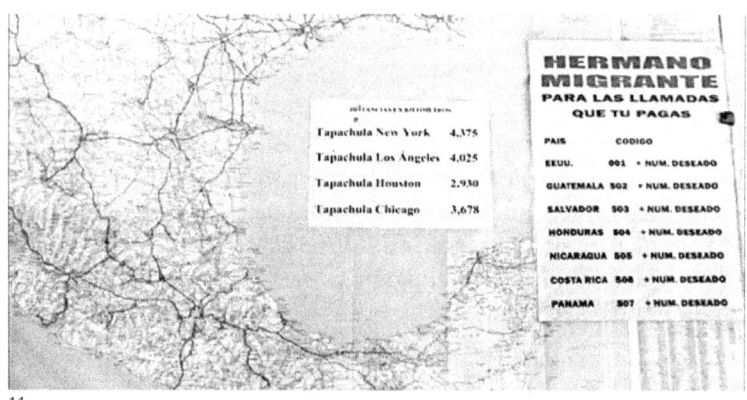

[11]

—Ya conoces lo desafiante que fue vencer los obstáculos que encontré a lo largo de este territorio mexicano… Ojalá y hubiera habido otra "Casa del Migrante" en la frontera norte de México, para que me advirtieran lo que se me avecinaba. No tienes idea lo escalofriante que fue cruzar la frontera a través del desierto de Arizona, lamentablemente nadie me preparó para ello. ¿Quieres escuchar lo aterrador que fue ese segundo trayecto de mi viaje?

Pensando que Pedro está siendo un poco drástico, con una sonrisa le contesto:

—Adelante, pero no te emociones demasiado para que los demás puedan seguir con su estudio.

---

[11] La Jornada Semanal domingo 4 de marzo de 2007 Núm.: 626 La otra frontera (México-Guatemala) Isabel Vericat Núñez/La Jornada México

Respira profundo, y agrega:

—Bueno, pero prométeme que tú tampoco te vas a alarmar mucho. Ahí te va... el riesgo que corre todo migrante ilegal en dirección a los Estados Unidos es evidente. Sin embargo, atravesar los obstáculos que se presentan a todo lo largo y ancho, después de cruzar la frontera de México dentro de los Estados Unidos, es una travesía con mayor riesgo. No sólo hay que evitar ser sorprendido por la patrulla fronteriza para no ser deportado, sino hay que procurar cruzar, en la mayoría de los casos, por el desierto de Arizona sin que ese árido lugar deje una gran secuela en la vida del migrante. El que logra sobrevivir al intenso calor, la angustiante sed y el hambre insaciable, en ocasiones tiene que cargar con el dolor de haber pasado de largo a hombres, mujeres o niños que perecieron ahogados o deshidratados por el camino.

»Evitar ser sorprendido por algún grupo anti-inmigrante, como el *"Proyecto Minuteman"*, es quizás el obstáculo que requiere mayor pericia; ya que caer en manos de estos resultaría totalmente catastrófico. Estos grupos no sólo se complacen con el hecho de vigilar las fronteras y denunciar ante las autoridades de inmigración a los indocumentados, sino que, motivados por sus intolerantes componentes racistas (como lo son en otros lugares los grupos antisemitas), buscan acabar con la inmigración ilegal, cueste lo que cueste, haya o no derramamiento de sangre.

»Cuando crucé la frontera y puse mi primer pie dentro de los Estados Unidos, a pesar del cansancio que tenía por las condiciones de mi largo recorrido a través de México, ¡vi la victoria! Me vi a mí mismo sobre la cumbre con los brazos extendidos a punto de abrazar el éxito. Pensé: "¡este es el sueño americano!"

»No había pasado mucho tiempo cuando comencé a cruzar el desierto. Uno no lo cree hasta que lo ve de frente; sin embargo, su belleza sabe seducir y engañar la vista. Crecí bajo la impresión que en el desierto no había otra cosa sino arena, y me di cuenta que estaba equivocado. La combinación de arena, cactus y arbustos, así como las montañas erosionadas por el viento; son un manjar a la vista. Pero, al comenzar a internarme en ese desolado lugar, comencé a descubrir los secretos que se encierran en él. Había un sin número de cruces a lo largo de sinuosos caminos y veredas. A la orilla de esos caminos había mochilas con ropa, seguramente dejadas por migrantes que corrieron dejándolas al olvido por el temor a ser sorprendidos. También había envases plásticos que alguna vez estuvieron llenos de agua, envolturas y latas de alimento de aquellos quienes quizás pudieron hacer escala sin ser vistos antes de continuar.

De repente, Pedro agacha la cabeza, su rostro refleja el dolor que aun lleva dentro, traga saliva y finalmente agrega:

—Cuando encontré el cadáver de una niñita, pensando en mi hermanita que deje en El Salvador, no pude más y corrí a refugiarme en un arbusto mientras pensaba si sería mejor buscar ayuda para regresar o seguir el camino. Quedé completamente petrificado bajo ese arbusto por un par de horas hasta que un coyote que me vio a la distancia me llamó:

—Pst, pst... ¡Hey tú! —llamándome el coyote me dijo—: ¿Para dónde vas?

—Estoy en camino a Utah o Colorado.

—¿Qué vas a hacer allá?

—Dicen que ahí hay muchos hispanos y que hay oportunidad de trabajo para todos.

—¿Tienes familia ahí? ¿Alguien te está esperando?

—No, la verdad no conozco a nadie —contesté.

»Entonces lamenté haberme separado del hondureño que iba en dirección a Houston. Ni siquiera se me ocurrió pedirle su teléfono. Pero, con el temor de seguir encontrando cadáveres en el camino y, peor aún, convertirme en uno de ellos por insolación, deshidratación o la mordedura de una serpiente, pensé en aceptar cualquier ayuda que me pudiera ofrecer.

—¿Tienes dinero?— dijo el coyote...

»Dudando de la buena intención de su pregunta, le contesté:

—Tengo alrededor de mil dólares.

»Era la cantidad de dinero que llevaba dentro de mi mochila; la otra parte, la había ocultado debajo de mi pantalón con una bolsa plástica que la llevaba adherida al muslo con una cinta adhesiva.

»Sin voltear a verme a los ojos, el coyote agregó:

—Voy para California con un grupo de personas que están esperándome en un socavón más adelante. Si me das lo que tienes te hago parte del grupo y te dejo en Las Vegas.

»Viendo que no tenía muchas opciones, además que ya había considerado la opción de buscar ayuda, acepté.

—Está bien, vamos —dije, y le entregué el dinero.

»Empezamos a caminar por rutas cada vez más lejanas y peligrosas, sin encontrar el grupo que, según él, lo estaba esperando. Tenía una trampa tendida para mí; me llevó a un lugar completamente solitario donde estaba otro hombre con una motocicleta, escondido entre los arbustos. Me despojaron de la mochila y hasta lo que llevaba puesto. Cuando vieron que tenía la cinta adhesiva alrededor de mi pierna, supusieron que llevaba ahí más dinero. Así que sin piedad comenzaron a golpearme y arrancaron la cinta como pudieron dejando mi pierna sangrando. Al ver que efectivamente tenía más dinero, el coyote comenzó a gritar y a zarandearme:

—¡Me engañaste! ¿Dónde más traes dinero escondido?

—No, ya no tengo más... se los juro —exclamé con sollozos.

»Después el que estaba escondido me sodomizó y al terminar de mancillarme de esa forma huyeron ambos en la moto.

Quisiera encontrar una palabra de aliento para Pedro, pero no sé qué decir, estoy frío y paralizado al escuchar lo que me está diciendo. Sólo pienso: "con razón no puede disimular el evidente dolor que lleva dentro" mientras él continúa.

—Seguramente ellos no pertenecían al grupo Minuteman —agrega Pedro—, de lo contrario, después de maltratarme me hubieran entregado con las autoridades.

»Estaba cansado, adolorido y me sentía sumamente humillado. Pero ya no tenía otra opción sino continuar caminando hacia el interior de los Estados Unidos, aun y cuando por el mismo agotamiento sentía que la distancia recorrida en el desierto había sido como caminar por décadas en el exilio.

»Más adelante, esos hombres impíos habían soltado mi mochila en el camino y gracias a ello, pude vestirme y continuar caminando aunque descalzo. Después de caminar varias horas a altas temperaturas por ese lugar desértico, finalmente vi una pequeña ciudad. "¡Gracias Dios mío!", exclamé, "¡llegaste a mi rescate!"

»Lo primero que vi fue una iglesia y pensé en ir allí a pedir ayuda.

»No tienes una idea, Jacobo. Nunca había sentido la presencia de Dios tan evidente en mi vida. Caminé por el estacionamiento de la iglesia y en la parte posterior había un grupo de personas, entre ellos un hombre con una Biblia bajo el brazo hablando con un grupo de jóvenes y todos ellos lo escuchaban con mucho interés.

Pedro hace otra pausa, y después pregunta:

—¿Sabes por qué me interesa tanto la vida de tu amigo José?

—No lo sé, Pedro —le contesto rápidamente esperando que no pierda el hilo de su plática.

—Porque me recuerda mucho a ese hombre con la Biblia bajo el brazo —agrega Pedro—. Podría jurar que se trata de la misma persona... ya verás por qué lo digo. Aunque no supe su nombre ni le pude ver bien el rostro por lo hinchado que tenía mis ojos debido a la golpiza, lo que dijo tuvo mucho impacto en mi vida; lamentablemente no todo lo pude llevar a la práctica.

»Ese día yo estaba dolido por todo lo que había pasado, estaba en búsqueda de consuelo y lo que él dijo era demasiado grande para digerir en ese momento.

»Al acercarme me fui infiltrando entre los jóvenes, atraído por la curiosidad, mientras el hombre les comentaba lo siguiente: "Aun con todas los limitaciones que pudieran existir, la fidelidad de Dios es inagotable. Si dependemos de Él confiados en Su misericordia, podríamos atravesar el desierto más árido, sustentados con Su maná".

»Después, aquel hombre, adoptando una postura relajada se sentó cómodamente en el suelo, cruzó las piernas, tomó su Biblia y la abrió en el libro de Deuteronomio. Con una sonrisa en su rostro y su índice en un renglón del pasaje, señaló: "Así como hoy tengo la oportunidad de hablar con ustedes, quisiera llegar al corazón de todos los jóvenes alrededor del mundo que han visto el camino cuesta arriba, y decirles… ¡Confíen en Dios! porque Él defiende la causa del huérfano y de la viuda, **y muestra Su amor por el extranjero**, proveyéndole de ropa y alimentos[12]. Aunque la confianza en Dios es la llave que les abrirá las puertas a lo largo de su camino" continuó diciendo, "es más importante que le reconozcan en todo lo que hagan y se acuerden de Él, tal y como lo describe el capítulo 8 de Deuteronomio".

»Tomó su Biblia y de inmediato comenzó a dar lectura: "Cumple fielmente todos los mandamientos que hoy te mando, para que vivas, te multipliques y tomes posesión de la tierra que el SEÑOR juró a tus antepasados…"

»Una vez que terminó de leer el pasaje completo, cerró su Biblia y añadió: "¡Sólo así, caminarán con pasos firmes y podrán realizar sus sueños!"

Aprovecho la pausa que hace Pedro, y antes de que continúe con el relato, deseo apagar el fuego de la curiosidad que me invade, así que le pregunto:

—¿Te mencionaron algo los jóvenes mientras te acercabas al grupo?

—No, Jacobo, ellos estaban tan sumergidos en la charla, que ni siquiera notaron mi presencia. El hombre con mucho carisma supo ganar la atención de ellos. Así que continuó hablando…

¡NO RENUNCIES A TUS SUEÑOS!

—¡Muchachos! —dijo el hombre sin rostro con mucho entusiasmo—. Hay quienes, con el desaliento de las circunstancias, se pierden en el camino, y con ello, la realización de sus sueños; incluso, hasta las oportunidades de la vida.

---

[12] Deuteronomio 10:18

Lamentablemente, hoy en día, con tanta inestabilidad familiar, crisis políticas, financieras y sociales, es muy común ver a la gente abandonar sus sueños a la mitad del camino.

»¡El camino no es fácil!, a lo largo de sus vidas encontrarán muchas dificultades. No importa cuántas veces tropiecen o cuán difíciles de superar parezcan los obstáculos —continuó diciendo con tanta cordura y seguridad, al percatarse que tenía cautiva nuestra atención—. Síganlo intentándolo una y otra vez hasta alcanzarlo. Los obstáculos siempre están ahí por una razón, y generalmente esa razón no es para quitarnos del camino, sino para revelarnos cuán valioso es nuestro sueño.

Me sacudí la visión tratando de enfocar mi vista para ver si lograba distinguir el rostro de este hombre. No sé porque, pero había algo en sus palabras que me cautivaba. A pesar del cansancio que tenía, me fui interesando poco a poco en su charla.

—Un momento. —Levantó la mano un joven sin haber previsto lo que deseaba expresar—. ¿Cada sueño viene acompañado por un obstáculo?

Una carcajada colectiva interrumpió la disertación del hombre.

—Estás bromeando, ¿verdad? —le preguntó su amigo sintiendo pena ajena.

Volviendo a tomar rápidamente la alocución el hombre a quien no le vi el rostro, profirió:

—No es que los sueños estén acompañados por obstáculos, simplemente debemos estar preparados para desafiarlos en caso que se nos presenten a lo largo del camino.

—¿Puede explicarse mejor? —preguntó otro joven.

—Por supuesto —dijo el hombre. Volteó su mirada al resto del grupo, después agregó—: si me lo permiten, quisiera comentarles acerca de los obstáculos que tuve que vencer para desarrollarme en mi carrera profesional. Con el paso de los años al irme desenvolviendo profesionalmente en la industria inmobiliaria como *realtor*, he tenido la bendición de ser galardonado con uno de los reconocimientos más deseados por los colegas, llamado: "Productor Centurión", al que también llamamos en son de broma entre los agentes de la misma compañía "El Oscar de los Realtors". Obtener dicho reconocimiento me ha dejado muchas satisfacciones, pero nada

Detrás de las Barras y las Estrellas

se comprara con la bendición de acompañar a un cliente en la búsqueda de sus sueños.

»Orgullosamente, puedo decir que la mayoría de mis clientes han logrado ver sus sueños hechos una realidad, y me han hecho participe de la bendición que conlleva lograrlos.

»Lamentablemente, también he visto quienes transitando por la vía "el camino al sueño" desistieron al suyo, convirtiéndolo así en una simple y llana fantasía.

»El primero de todos los obstáculos que tuve que superar al comienzo de estos años fue presentar en repetidas ocasiones un examen estatal antes obtener mi licencia de *realtor*. Seguido por otros tres exámenes del estado (después de repetir el curso dos veces) para obtener la certificación de *broker*. Confieso haberme sentido frustrado en el proceso, pero jamás me di por vencido. Por lo contrario, el resultado de mis exámenes reprobados fue un instrumento inspirador para persistir hasta el cumplimiento de mi sueño. Actualmente, después de todo este tiempo, aún conservo como un trofeo cada uno de esos exámenes "no aprobados".

Repentinamente, hizo una larga pausa y con una mirada extraviada en el cielo, volteando los ojos de un lado a otro, como buscando una idea en el aire, comenzó a palpar cada uno de sus bolsillos. Sin perder la oportunidad para hacer una broma, alguien gritó a la distancia: "¡Qué!, ¿nos vas a mostrar tus trofeos?" El resto del grupo se rió.

—No, no, ¡oigan esto! —increpó el hombre. Sacando una nota de la bolsa de su pantalón, leyó lo siguiente—: "Un estudio sugiere que las memorias ayudan a la gente a imaginarse el mañana, y que el pasado podría ser la clave de los sueños para el futuro. 'Eso nos muestra que la memoria es tan importante para imaginar al futuro como para recordar el pasado'. En otras palabras, el cerebro usa el pasado para echar un vistazo al futuro[13]".

---

[13] Karl Szpunar, graduate student, department of psychology, Washington University, St. Louis; Paul Sanberg, Ph.D., director, Center of Excellence for Aging and Brain Repair, University of South Florida College of Medicine, Tampa; Jan. 2-5, 2007, *Proceedings of the National Academy of Sciences*

»En cierta forma creo que esto tiene mucho de cierto —continuó diciendo—, ya que normalmente tendemos a evaluar nuestros éxitos y fracasos antes de considerar si llegaremos a tomar o no ciertos riesgos. Por todo ello, y a pesar de todos los obstáculos que enfrentes, creo firmemente que si no lograras conseguir tu sueño en el primer intento; cuando menos habrás escalonado niveles extraordinarios al intentar realizarlo. La experiencia se obtiene, no por obtener lo que quieres, sino por intentarlo. Así que... sigue persistiendo, incluso si llegaras a sentirte rechazado. ¡Que nada interrumpa tus sueños!

—¿A qué se refiere? ¿Habla del rechazo por la discriminación? —comentó un adulto con facciones mestizas.

Sin perder cordura, el hombre respondió:

—Por supuesto que no, estoy hablando de los valores morales y el no dejarse intimidar aun cuando seamos rechazados por hacer las cosas bien. Para perpetrar tus sueños es necesario vivir con integridad, aun cuando esa integridad te meta en problemas. Por tanto, en lugar de vivir soñando que vivirás la vida en la forma correcta cuando tu sueño se haya hecho realidad; debes comenzar a vivir la vida en forma correcta para que tu sueño pueda llegar a ser una realidad.

»Hay quienes dicen: "A mí que Dios me ponga 'donde hay', y YO me encargo de lo demás ¡verán si no me despacho con la cuchara grande!". Ponen sus sueños en papel sin importar a quién se lleven por delante, y después, ven sus planes fracasados. Por supuesto, pretenden que Dios se ajuste a sus cuestionables sueños, en lugar de que sus sueños se ajusten al plan divino y perfecto de Dios.

»No es de extrañarse que por mucho que se hayan esforzado, sus sueños queden inconclusos y truncados, puesto que: "Si Dios no construye la casa, de nada sirve que se esfuercen los constructores[14]".

Por un momento hubo un silencio total. Sin embargo, nadie se atrevió a decir nada. Parecía que todo el mundo sabía que lo mejor de la charla estaba por comenzar.

---

[14] Salmos 127:1 Biblia en lenguaje sencillo

LOS SUEÑOS DE UN HOMBRE EXTRAORDINARIO DE NOMBRE ORDINARIO

—¡Amigos! —agregó el hombre sin rostro—, préstenme atención que les voy a dar el ejemplo de alguien que si bien se metió en problemas por llevar una vida íntegra, no vaciló en ajustar sus sueños al plan de Dios.

»Siendo aún muy joven (con diecisiete años de edad) y el décimo de doce hermanos, era quien informaba a su padre de la mala fama de estos, seguramente por llevar una vida con estándares más elevados que los del resto.

»Cierto día, después de que el joven compartiera sus sueños con sus hermanos, en los cuales él se encontraba en una posición de autoridad respecto a ellos, y sumado a la incuestionable preferencia de su padre, comenzaron a odiarle más aún de lo que ya le odiaban. Poco tiempo después lo vendieron como esclavo a un grupo de ismaelitas que se dirigía a Egipto.

»Posteriormente, los ismaelitas lo vendieron a un funcionario del faraón. Dicho funcionario, al darse cuenta que Dios estaba con el joven (y que lo prosperaba en todo lo que hacía) lo nombró mayordomo, entregándole la administración de todos sus bienes. Por tanto, la bendición de Dios se extendió sobre todas las posesiones de este egipcio.

»Después de algún tiempo, la esposa del funcionario, al ver que el mayordomo era joven y atractivo, intentó seducirle en repetidas ocasiones. No obstante, el siervo del funcionario llamado Potifar, con elevados valores y convicciones, se sostuvo firme y la rechazó diciéndole: *"¿Cómo podría yo cometer tal maldad y pecar así contra Dios?"*

»Uno de esos días, mientras el atractivo joven entraba a casa para cumplir sus responsabilidades; la mujer, al ver que no había ningún sirviente cerca, le tomó por el manto y le rogó: "¡Acuéstate conmigo!" Pero él se resistió y salió corriendo dejando su manto en las manos de la señora. Oportunidad que ella tomó para difamarle, acusándolo de haber intentado aprovecharse de ella. Motivo por el cual su patrón lleno de furia lo mandó encarcelar.

»Aún estando ese joven dentro de la cárcel, Dios no dejó de mostrarle Su amor prosperándole en todo lo que hacía. Así que el guardia, al ver que Dios estaba con él, lo puso a cargo de los prisioneros y la administración de la cárcel. Durante su administración, un copero y un panadero tuvieron un sueño cada uno, los cuales él les interpretó acertadamente. Años más tarde fue sacado de la cárcel y llevado frente al faraón para interpretarle sus sueños.

»Una vez más, cuando el faraón se percató que Dios estaba con él y que era un hombre sabio y competente, lo nombró gobernador de Egipto.

»¡Ese hombre es José! conocido por muchos como: "José el soñador". A los treinta años de edad comenzó a trabajar como gobernador para el rey de Egipto. Durante los primeros siete años de su gobernación se dedicó a almacenar grandes cosechas; las cuales utilizó sabiamente durante los siguientes siete años de hambre y escasez.

»Pasaron veintidós años para que José, en una posición de autoridad, viera el cumplimiento del sueño que generó odio en sus hermanos. No obstante, lejos de guardar rencor y buscar vengarse, decidió perdonarles reconociendo que el mal que intentaron hacerle Dios lo usó para el bien de muchos. Y así, con el corazón en la mano, José cuidó de sus hermanos y sobrinos[15].

En cuanto el hombre terminó el relato e hizo una pausa, el más joven de los presentes, añadió:

—Esa historia de la Biblia es mi favorita, recuerdo la primera vez que la escuché en la escuela dominical. Después mi mamá me compró la historia en video.

Después del comentario del pequeño joven, el hombre sin rostro continuó con el final de su relato.

—Ven porqué les digo que pueden haber obstáculos en el camino. Aún cuando estemos convencidos que Dios nos ha abierto las puertas para que hagamos algo, no podemos aseverar que estamos exentos de encontrar adversidades en el camino.

---

[15] Génesis 37-50

»Como lo es el caso de José; "Dios le dio los sueños acerca de su posición de autoridad sobre su familia, pero nunca le dijo nada acerca del doloroso camino que tendría que seguir antes de que estos sueños se cumplieran. Dios reveló a José la última página del libro de su destino, pero excluyó los capítulos centrales.

"Despreciado injustamente por sus hermanos, quienes en su maldad planearon matarlo. Fue arrebatado del amor de su padre y vendido en esclavitud en el extranjero. Acusado de violación falsamente y calumniado por la esposa de su patrón. Abandonado y olvidado por el copero del Faraón después de haberle ayudado en la cárcel.

"¿Cómo pudo José mantener su fe a través de todo lo que sufrió? Porque sabía que podía confiar en Dios, y que su fe en los propósitos de Dios no estaba fuera de lugar. Incluso, cuando todas las circunstancias parecían contrarias a las promesas de Dios, José confió en que Dios podría tomar el mal y convertirlo en bien. Esa es la fe que agrada a Dios"[16].

Al terminar de dar el ejemplo de José, el soñador, el hombre sin rostro continuó diciendo:

—Tengan siempre presente que: Cuando el sueño viene de Dios, Él nos dará las fuerzas, la capacidad y el entusiasmo para hacerlo "pues Dios es quien produce en ustedes tanto el querer como el hacer para que se cumpla Su buena voluntad"[17]. Por tanto, cerciórense de que el sueño viene de Dios; dependiendo de la oración y Su Palabra. Y sobre todo, ¡confíen en Él!

Tan pronto como terminó de hablar, juntó sus notas, su Biblia y demás papeles, y los guardó en su portafolio. Volteó a ver su celular y se despidió diciendo:

---

[16] Warren Austin Gage and Christopher Barber, *(The Story of Joseph and Judah - The Masterpiece Study Series Volume 1).* La Historia de José y Judá, Saint Andrews House. LLC. FT. Lauderdale, FL. 2005, Págs. 106. 107 (Traducido del idioma inglés).
[17] Filipenses 2:13

—Se me hizo tarde muchachos —agregó el hombre mientras sacaba del bolsillo las llaves de su auto—, me voy de prisa porque tengo que hacer una llamada de larga distancia.

Al parecer, había recibido varios mensajes de texto mientras estuvo hablando, por lo cual tuvo que salir de prisa del lugar. Con la premura con la que abandonó el lugar no se percató de haber dejado una nota atrás. Cuando vi la nota en el suelo, la levanté y procuré entregársela. Pero, corrió tan rápido hacia su vehículo que no pude alcanzarlo. Sin querer entrometerme mucho en su contenido, me di cuenta que no era solamente una nota; era un bosquejo completo de la vida de José que tenía el título: "No se den por vencidos con sus sueños".

Lo cual me hizo pensar: "Creo que éste hombre tenía más información para compartir, y se tuvo que ir de prisa. ¡Ojalá y algún día lo pueda volver a ver!"

Voltea Pedro hacia la puerta después de terminar el relato y se percata que el oficial estaba esperándome a mí y al resto del grupo.

—Creo que ya llegaron por ti, Jacobo —me dice tranquilamente, un poco acostumbrado a nuestras despedidas.

—Lo sé, Pedro —contesto.

Me despido de él y mientras camino hacia la puerta ya estoy ansiando regresar la próxima semana para continuar contándole acerca de José.

Capítulo 5

Literalmente preso

DESPEDIDA A LARGA DISTANCIA. UN ADIÓS SIN PALABRAS, ¡UN HASTA PRONTO!

Al llegar a casa, José se comunicó de inmediato con sus padres. Conversó cerca de dos horas en el teléfono con su mamá, lo cual consideraba completamente inusual. No tenía idea que esa sería la última vez que ambos sostendrían una bella e intensa conversación. Hablaron un poco de todo, bromearon otro tanto y, al final, su mamá le comentó que tenía ciertos malestares pero nada de qué alarmarse. Sin embargo, algo en el fondo parecía revelarle a José que las cosas no estaban muy bien, ya que esa llamada —en todo su contexto— había sido única y completamente diferente al resto de las conversaciones que sostuvo con su madre desde la niñez, comenzando con el hecho de que su papá nunca había intentado localizar tan insistentemente a José. Además de esto, el tema de conversación parecía no tener límites ni fronteras. Incluso, en la segunda mitad de la interminable conversación, en forma de monólogo, su mamá tocó el tema de la economía doméstica, desarrollando el tema paradójico de la balanza de precios de la canasta básica.

Al finalizar la llamada, a pesar de la duda, con un grato sabor de boca, José comenta con su esposa Renata: *"¡Vaya que mi mamá tenía ganas de platicar! Lo único que lamento es que no le pude compartir que recientemente una ex Miss Universo empezó a asistir a nuestra iglesia."*

Aunque parece ser un hecho meramente exiguo, en verdad lo lamentó, ya que a su mamá le encantaba el tema de la farándula; tanto, que si le hubiera comentado acerca de su nacionalidad y el año del certamen que la hizo acreedora de dicho galardón... ¡seguramente hubiera sabido a quién se refería!

Dos semanas después de tan memorable conversación, José recibió una llamada telefónica desde México en la que le notificaron que su mamá estaba internada en un hospital. Estaban por practicarle unos estudios debido a un aparente infarto cerebral. Sus hermanos, aunque vivían a cientos de kilómetros de distancia, estaban presentes apoyando a sus padres como era de esperarse. Mientras tanto, José sin poder viajar al extranjero, gracias a la ayuda de su abogado de inmigración, permaneció en Florida, a la espera de que su familia en México lo mantuviera al tanto del estado de salud de su mamá.

El viernes por la noche el timbre del teléfono levanta a José:

—¡Bueno! —contesta un poco intrigado.

—Llamo para comentarte que mi mamá está fuera de peligro y que el lunes la darán de alta —dice Benjamín al otro lado del teléfono.

—¿Qué fue lo que pasó? —inquiere José.

—Bueno, no sé con exactitud —dice Benjamín titubeando—. Le practicaron una tomografía, la cual reveló un accidente isquémico transitorio.

—¿Un isque-qué?

—Eso quiere decir que hubo una obstrucción arterial. De acuerdo a los estudios no ocasionó daños mayores y es completamente tratable, de manera que podrá controlarse con medicamentos. —Continuó diciendo—: No tienes de que alarmarte, mamá está reaccionando favorablemente, así que la darán de alta y todos regresaremos a casa.

—¿Cómo? ¿No te vas a quedar en Tampico?

—No, hoy mismo salgo hacia Querétaro.

—¿Estás seguro? —pregunta José extrañado ¡sin entender nada!

—Te aseguro que mamá está bien, estuve conversando con ella y créeme que está bien.

—Siendo así ¡que tengas buen viaje! —dice José—. Nada más que por favor, mantente en contacto, y no dejes de comunicarme cualquier novedad.

—Así lo haré —responde Benjamín—. ¡Hasta luego!

—¡Adiós!

PRIMER DOMINGO DEL MES DE NOVIEMBRE

Dos días más tarde, mientras José y su familia están por cumplir sus primeros cinco años dentro de los Estados Unidos, se levantan temprano —como todos los domingos— para ir a la iglesia. Los pastores y sus congregantes han jugado un papel importantísimo en sus vidas. Simplemente los consideran su familia celestial aquí en la tierra.

Al terminar el servicio dominical, varias familias con las que han formado la costumbre de pasar juntos los domingos por la tarde, los acompañan a casa para almorzar y comentar en la sobremesa las notas importantes del sermón.

Mientras el grupo se dirige a casa junto a su esposa Renata y su hija Raquel, José se detiene en la tienda de autoservicio para comprar algunos comestibles. Al llegar a su casa con las bolsas del supermercado, José percibe las miradas firmes e inquietantes de cada uno de los visitantes enfocándose directamente en él. Sin que nadie tenga que decir palabra alguna, José se percata de que algo anda mal... obviamente no espera ningún tipo de noticia y mucho menos de esa índole, pero es evidente que esas miradas indiscretas sobre José expresan compasión y pena.

Finalmente, Renata, escoltada por su hermana Betsabé y su hermano Elías, con un tacto suave y tembloroso, como suele hacerlo cuando no sabe cómo ocultar una pena que le quema como una braza encendida en las entrañas, conduce a José hasta su despacho. Sin mucho preámbulo, recarga su rostro sobre el hombro de José, extiende los brazos a su alrededor para fundirse en un abrazo, al mismo tiempo que le informa que su mamá se encuentra en un lugar mejor. ¡Ella está "cara a cara frente a Dios"!

En ese momento, José no sabe qué hacer... se retira sutilmente del abrazo de Renata, se sienta, se levanta inmediatamente como un resorte, toma el teléfono y lo descuelga, lo vuelve a colgar, voltea a ver a Betsabé y a Elías sin decir ni una palabra, se vuelve a sentar, se para una vez más, agarra su Biblia, la hojea de tapa a tapa como buscando algo enterrado, y al darse cuenta que no logra concentrarse, vuelve a dejarla sobre su escritorio. Finalmente, articula con un nudo en la garganta:

—Déjenme un minuto a solas. Necesito hablar por teléfono con mi papá.

Vuelve a tomar el teléfono y de inmediato llama a su padre. A la mitad de la conversación, la suave y pausada voz que lo caracteriza, en esa ocasión, parece salir con tal potencia del auricular como si estuviera hablando a través de un megáfono.

Mientras José retira la bocina de su oído para evitar ser lastimado por la estrepitosa voz, se percata, que el par de cuñados intrusos siguen dentro de su oficina a puerta cerrada con la mirada entristecida puesta sobre él. Entonces duda que lo hayan escuchado cuando les pidió que lo dejaran a solas. Probablemente sólo quieren asegurarse que está en su juicio y así evitar que vaya a cometer alguna locura.

Por un momento, al producirse un silencio absoluto, José queda petrificado con la mirada perdida y sin derramar una sola lágrima. Seguramente, en el silencio, pasan por su mente como una película de cortometraje, bellos recuerdos de su madre. Aunque está completamente turbado, como si alguien le hubiera dado con un mazo en la cabeza, trata de mantener la calma para hablar con cordura y ser de apoyo a su padre, quién aún está al otro lado del teléfono.

Después de una larga conversación toman un tiempo para orar y se despiden con la esperanza que en breve se verán.

UNA CELDA DE ORO

Al finalizar la llamada, Renata le pregunta a José si quiere que despida a sus amistades para que los dejasen solos.

—¡De ninguna manera!— contesta José—. Salgamos y almorcemos con ellos. Será mejor que estemos acompañados y pasemos el resto de la tarde con nuestra familia y amigos.

Ese mismo día al anochecer, José piensa en voz alta: "Creo que es un buen momento para llamar a mi querido abogado de inmigración y preguntarle sobre nuestro caso". Así que de inmediato toma el teléfono, y llama al abogado con la esperanza de que esa vez le de una buena noticia o por lo menos encuentre la manera de conseguirle un permiso de viaje (*advance parole*) que le garantice a su regreso, la entrada a los Estados Unidos.

Como hecho lamentable, el abogado comenta que si sale de los Estados Unidos, no le garantiza que lo vayan a dejar entrar nuevamente.

"¡En qué momento me vine a meter con este abogaducho!", piensa José. "Él fue quien me puso en este lío, y ahora, con que desfachatez me dice que no puedo viajar. ¡Esto es igual o peor que estar preso! No sé cómo le voy a hacer, pero yo no me voy a quedar con los brazos cruzados, ¿no darle el último adiós a mamá?... ¡De ninguna manera!

"¡Ya sé!... ¡esto es lo que haré! Saldré mañana en el primer avión y regresaré por tierra. Cruzaré la frontera como lo hacen a diario cientos de indocumentados. Podría llevar a Renata y a Raquel conmigo, pero arriesgarlas a cruzar la frontera de esa manera sería una locura. Además, no creo que estén dispuestas a hacerlo bajo esa condición. Creo que será mejor que corra el riesgo yo solo. Comenzaré por planteárselo a ellas y después tomaré acción. ¡Manos a la obra! "

—Mi amor, me voy a México para estar presente en el velorio y sepultura de mamá.

—¿Hablaste ya con el abogado de inmigración? ¿Te va a conseguir un permiso de viaje?

—Sí, ya hablé con él. Me dijo que sí me puede conseguir el permiso de viaje, pero no con tanta premura, que si salgo del país lo más probable es que no me dejen entrar nuevamente o que quizá me pidan que vaya a la frontera para que me entreguen mi visa allí. Pero a mí no me importa, yo me voy a México de todas maneras.

—¡Te has vuelto loco! ¿Irte así nada más y dejarnos con la angustia pensando que no volverás a entrar a los Estados Unidos? Cariño, comprendo tu dolor y deseos de estar presente junto a tu papá y hermanos; pero, es un riesgo muy grande el que quieres tomar. Créeme, estoy segura que ellos entenderán muy bien el hecho de que no estés allá.

Actuando José un poco fuera de juicio responde:

—No creo que me comprendas, de lo contrario me apoyarías. Además, no se trata de estar presente con mi papá y hermanos, sino de despedir a mi mamá y decirle mi último adiós.

—Te entiendo más de lo que te imaginas, nada más que no puedo permitir que tomes una decisión arrebatada y después tengamos que lamentar otra tragedia en la familia.

—Bueno —dice José—, vayamos a descansar, ya es un poco tarde y me siento muy confundido. Nada más que... esta noche, quiero estar a solas, así que dormiré en el cuarto de visitas. ¿Te parece?

—Está bien, cariño... como tú digas.

Camina José hacia su habitación, toma sus pijamas y sale muy confundido en dirección al cuarto de visitas. Se sienta sobre la cama, pone sus pijamas junto a él y comienza a echar a volar su imaginación tratando de estructurar su viaje y como le hará pagar al abogado el hecho de que por su incompetencia tenga que pasar por una larga y tediosa travesía.

Después de estar meditando por horas (entre la confusión y el dolor) y sin poder concluir sus ideas, cae en un sueño profundo.

Capítulo 6

Libertad o esclavitud más allá de las fronteras

FRONTERAS SIN OBSTÁCULOS

Siendo aún de madrugada y mientras el taxi espera a la puerta de la casa, José termina de meter como puede sus últimas prendas dentro de la maleta. Con lágrimas y sollozos, Renata trata de impedir que cometa, lo que evidentemente, parece ser una completa locura.

—Piénsalo José. No te ciegues… es muy probable, o más bien lo más seguro, que inmigración te impida entrar a los Estados Unidos nuevamente. Mejor quédate aquí, estoy segura que tu papá y tus hermanos lo entenderán perfectamente. Es más, si tu mamá te pudiera hablar desde el cielo te diría: "¡No vengas! Conozco tu corazón, entiendo tu dolor. Tu presencia la puedo sentir desde dónde estás".

—No voy a cambiar de opinión, lo tengo todo arreglado y estaré aquí de regreso como que me llamo José. ¡Así que no me insistas más! Nada más dale un beso de mi parte a Raquel porque no quiero despertarla, ni angustiarla tan temprano.

De inmediato José se dirige hacia el taxi. El taxista, termina de dar la última fumada a su cigarrillo, toma el equipaje de José y lo acomoda en el maletero. Entran ambos al taxi y José desde el interior del taxi, sentado en el asiento trasero, mira fijamente a Renata —quien continúa parada a la puerta de la casa con el rostro lleno de angustia— sopla un beso de su mano con un nudo en la garganta, mientras el taxi lentamente emprende su camino a lo largo de la cuadra.

Al llegar al aeropuerto, José comienza a notar que la adrenalina corre por sus venas. Lleno de inquietud y mucha confusión se dirige al mostrador de la línea aérea.

—¿Cuál es la hora de salida de su próximo vuelo a la Ciudad de México? De allí tendré que hacer conexión rumbo al Golfo de México.

—El próximo vuelo a la Ciudad de México sale en cuarenta y cinco minutos, señor. Déjeme verificar la conexión.

»En su conexión para abordar el avión a su lugar de destino, sólo tendría treinta y cinco minutos desde su arribo hasta la hora de salida. Así que al salir de migración y aduanas en el aeropuerto de la Ciudad de México, tendría que correr hacia la sala de vuelos nacionales para no perder su conexión.

—¿Tiene asientos disponibles?

—¿Ventanilla o pasillo, señor?

—Lo que sea, con tal de que haya un asiento disponible.

—Sí, tengo un puesto disponible en la última fila.

—Está bien, ¿puedo comprar el boleto aquí con usted?

—Por supuesto que sí, señor. ¿Viaje sencillo o redondo?

—Sencillo, por favor. —Mientras en su mente continúa estructurando su itinerario: "¡Así podré seguir con mi plan... y volver por tierra!"

—¿Va a documentar su equipaje?

—No, la maleta la llevo en mano.

—Muy bien, aquí tiene su pase de abordar. Tiene que estar en la sala en los próximos diez minutos, así que le recomiendo que se dirija hacia allá directamente. ¡Que tenga un buen viaje, señor!

—Gracias.

José se dirige a la sala de abordar y al llegar ahí de inmediato comienzan a llamar para subir a la aeronave. Como de costumbre, empiezan llamando a los adultos mayores, adultos viajando con infantes y los de las últimas filas. Como José tiene asignado su asiento en la última fila, deja pasar una pareja mayor delante de él, y sin mucho preámbulo, entrega su pase de abordar al intendente de vuelo. Ingresa al avión y apresura el paso para dirigirse a su asiento, coloca su equipaje en el portaequipaje asignado a su fila y al sentarse de inmediato se abrocha el cinturón de seguridad. Conforme van abordando los demás pasajeros se van ocupando los asientos, sin embargo, los dos asientos junto a José permanecen libres hasta un minuto antes de emprender el vuelo.

Mientras José se hace la idea de que va a viajar a sus anchas, se aproxima su compañero de vuelo.

—Señor, ¿me permite pasar? —le pregunta el hombre a José.

Levantando José la mirada para ver al individuo antes de responder, lo revisa de pies a cabeza, percatándose de que este hombre grande, robusto y con el semblante endurecido, probablemente ocupe los dos asientos disponibles.

"Si le ofrezco correrme" piensa José, "y por algún motivo me tengo que levantar, seguramente le va a molestar abrirme paso. Si lo dejo pasar, ojalá y no venga nadie detrás de él, para que quede un asiento libre. De lo contrario vamos a estar muy apretados".

—Por supuesto, pase por favor. —Se levanta José abriéndole paso.

Ambos toman asiento en sus respectivos asientos, dejando libre el asiento en medio de ellos. Un minuto más tarde, se cierran las puertas del avión y se comienzan a escuchar las instrucciones de vuelo. "¡Qué bien!" piensa José, "el asiento de en medio quedará libre".

Mientras el avión se dirige para tomar pista y la intensidad de las turbinas incrementa, José aprovecha para hacer una breve oración, en tanto el robusto compañero de vuelo se persigna.

Minutos más tarde, estando en pleno vuelo; la tristeza que invade al persignado hombre es tan evidente que, al grado de no poder más, comienza a platicar con José la historia de un hijo que recientemente fue arrestado. Esa es la razón de su viaje a la Ciudad de México, para visitar a su hijo y tratar de ayudarlo.

—Desde que me enteré que mi hijo había sido arrestado, no he podido conciliar el sueño —dice el hombre mostrando pena en su rostro—. Nada más pienso en él y me embarga un profundo dolor; no sé de dónde voy a tomar fuerzas para visitarlo y encontrarme cara a cara con él. ¿Qué le digo? ¿Corro hacia él y lo abrazo cómo al hijo prodigo? ¡No sé cómo voy a consolarlo! ¿Qué puedo aconsejarle? Si yo también he cometido mis fechorías, y él... me las conoce todas. Créame, yo mismo no me siento con la libertad de hablarle al descubierto. Todavía tengo muchas ataduras que me tienen atascado en el recuerdo del pasado.

¿LIBERTAD DENTRO DE UNA CELDA?

José viene cargando con el dolor por la pérdida de su mamá, además de la incertidumbre acerca de su retorno a los Estados Unidos y, por si fuera poco, este hombre comienza a descargar sus penas sobre él. Sin embargo, tomando la oportunidad para no enfocarse en sus preocupaciones, aprovecha el momento de ser un instrumento de bendición para el robusto compañero de vuelo.

—Perdón, mi nombre es José. ¿Cuál es el suyo?
—Daniel.
—Mucho gusto, Daniel —dice José al momento de estrecharle la mano.
—Mira Daniel, no sé por qué dices que no te sientes con la libertad de hablarle a tu hijo al descubierto. La libertad no se compra, ni se puede obtener a la vuelta de la esquina. La libertad es un derecho que solamente podremos percibir mientras conozcamos la verdad.

»Perdóname si parezco un poco entrometido, pero estoy bajo la impresión que te persignaste mientras el avión despegaba. Eso quiere decir que crees en Dios, ¿verdad?

—¡Por supuesto! —agrega Daniel—. Si yo siempre... desde muy pequeño he ido a la iglesia.

—Qué bueno que crees en Dios, porque sólo Él te puede ofrecer la libertad a través de su Hijo Jesucristo. Sólo a través de Él podrás desprenderte de las ataduras que dices tener, y obtener la libertad que necesitas para hablar con tu hijo.

»La Biblia dice: "Y conocerán la verdad, y la verdad los hará libres"[18]. Jesús, el Hijo de Dios, es la *verdad*; y Él mismo lo confirmó al decir: "Yo soy el camino, la *verdad* y la vida"[19].

»La libertad no tiene nada que ver con nuestros recursos económicos, nuestras relaciones, títulos universitarios o, incluso, nuestras habilidades. Hay un sinnúmero de personas que cuentan con todo ello, creen tener una "libertad sin límites" que les permite hacer cuanto quieren, pero continúan literalmente presos de las mismas costumbres, vicios, temores, desilusiones y fracasos... ¿Sabes por qué? Porque no han descubierto el gozo y la paz de sentirse espiritualmente libres y vivos en Cristo. ¡La libertad se obtiene cuando conocemos a Cristo Jesús y mantenemos una relación íntima con Él!

»¿Te das cuenta de la libertad que podemos gozar a través de Cristo Jesús?

»Quizá hasta ahora has creído en la existencia de Dios y de su Hijo; has intentado vivir una vida buena, pero no has podido liberarte de la carga de tus pecados y fracasos pasados.

»Déjame decirte, Daniel, no importa quién seas o que hayas hecho. Estoy seguro que ni tu hijo ni nadie, puede juzgarte; mucho menos justificar cada una de las fechorías, que según tú, tu hijo conoce. Solamente podemos ser justificados gratuitamente

---

[18] Juan 8:32
[19] Juan 14:6a (*Itálicas añadidas*)

por gracia de Dios, mediante la redención efectuada a través de Cristo Jesús[20].

»Dios tiene un regalo para ti, y puedes recibirlo en este mismo momento, si estás dispuesto a tomarlo. Él te ofrece la misma maravillosa vida que millones de personas, a través de los siglos, han recibido. Él ya pagó la pena por tus pecados, pasados, presentes y futuros. Sólo te pide que pongas tu confianza en Él y que reconozcas:

➢ Que todos somos pecadores y que nuestro pecado nos separa de Dios.
➢ Que nosotros no nos podemos salvar a nosotros mismos.
➢ Que Jesucristo murió por causa de nuestros pecados. Por lo tanto Él es el único camino que nos lleva al Padre.
➢ Arrepentirte por tus pecados y pedirle perdón.
➢ Y por último, invitar a Jesucristo a vivir en tu corazón.

»Invitar a Jesús a vivir en tu corazón, aceptándole como Señor y Salvador es un acto de fe que requiere compromiso. ¿Estás dispuesto a hacerlo?

—¿Y qué del regalo? ¿Me vas a dar un amuleto?

—No, Daniel. El regalo es invitar a Jesús a vivir en tu corazón y obtener la seguridad de una vida eternamente abundante.

—Sí José, estoy dispuesto a recibir ese regalo —afirma Daniel con mucho entusiasmo.

—¿Por qué no inclinas tu rostro y repites conmigo esta oración? —dice José.

Al inclinarse a orar, Daniel reconoce que su pecado lo separa de Dios y que él no se puede salvar a sí mismo, que Jesucristo murió por sus pecados y termina entregándole el trono de su corazón.

---

[20] Romanos 3:24

Al terminar de orar, José agrega:

—Ahora que invitaste a Jesús a vivir en tu corazón, Dios te ha adoptado como Su hijo; nunca te dejará y nunca te abandonará. Dios te dará las fuerzas para que veas a tu hijo, lo consueles, lo aconsejes y sobre todo ¡corras hacia él para abrazarle como al hijo pródigo!

Acabando de pronunciar esta última oración, se escucha a lo largo de la aeronave una amable y dulce voz:

—Hemos comenzado nuestro descenso a la Ciudad de México. Por favor, abróchense los cinturones y enderecen los respaldos de sus asientos.

—Tengo que admitir que el tiempo se me fue volando —dice José, sin poder ocultar la sonrisa.

Daniel sonríe y agrega:

—Es increíble que estemos aterrizando. A mí también, ¡el vuelo se me hizo muy corto, como si acabáramos de despegar!

»Gracias, José, por tomarte el tiempo de hablar conmigo, me llevo el mejor regalo que he recibido en toda mi vida. Me siento completamente renovado.

En tanto llega el avión a la terminal, José y Daniel intercambian tarjetas y se despiden con un fuerte apretón de manos. A partir de ese momento, Daniel, habiendo abordado el avión con el semblante endurecido, ahora con un rostro sonriente, se dirige lleno de gozo por la salida de la terminal aérea.

Más adelante, José vuelve a ver a Daniel, a la distancia, saludando con un fuerte abrazo e indescriptible regocijo a un probable miembro de su familia. Al percibir la gran felicidad con la que saluda a la otra persona, piensa: "Cuando los pobres reciben la buena noticia, cuando los cautivos son liberados, cuando los ciegos reciben la vista y los oprimidos se liberan

¿Cómo podrían retener una expresión de júbilo? ¡No hay duda de que el gozo produce energía y nos hace fuertes!"[21]

¡El conocimiento de nuestro destino eterno, sin lugar a dudas produce ese indescriptible gozo en nosotros! Además, hay tantas cosas para gozar en esta vida y nuestro paso por la tierra es tan corto, que esclavizarse de las adversidades es una pérdida de tiempo.

---

[21] Richard J. Foster, *(Celebraction of Discipline)* Celebrando las Disciplinas, HarperCollins Publishers, Inc. New York, NY. 1978, 1988 and 1998, Pág. 190 y 191 (Traducido del idioma inglés).

Capítulo 7

La libertad es un derecho

LA LIBERTAD ES NUESTRO DERECHO DE NACIMIENTO

Mientras José se dirige hacia la terminal de vuelos nacionales dentro del aeropuerto de la Ciudad de México, para hacer conexión con su siguiente vuelo, no deja de pensar en la conversación que tuvo con Daniel.

"¿Cómo es posible que le haya hablado a Daniel de libertad, cuando yo salí de los Estados Unidos como un prófugo y pienso volver de contrabando? ¿No fui yo mismo el que dijo que se sentía como un preso por culpa del abogaducho? ¡No lo sé!, pero de una sola cosa si estoy seguro, que Dios preparó el corazón de Daniel para nuestra plática, la transformación de su rostro fue una prueba evidente de ello. Creo que ese mismo gozo puedo compartirlo con mi familia en medio del dolor por la pérdida de mi madre. Hace años que no veo a mi padre, ni a mis hermanos, así que debo hacer todo lo posible por brindarles todo mi apoyo. Sobre todo porque estoy convencido a dónde fue mamá.

"Recuerdo cuando mamá me mostró uno de los primeros versículos que subrayó en la primera Biblia que le regalé: 'No se angustien. Confíen en Dios, y confíen también en mí. En el hogar de mi Padre hay muchas viviendas; si no fuera así, ya se lo habría dicho a ustedes. Voy a prepararles un lugar. Y si me voy y se lo preparo, vendré para llevármelos conmigo. Así ustedes estarán donde yo esté. Ustedes ya conocen el camino para ir adonde yo voy"[22].

"¡Sin duda alguna mamá conoció ese camino!"

Tan pronto como José llega a la sala, aborda el avión y emprende el vuelo hacia el pequeño aeropuerto internacional de la Ciudad de Tampico. La distancia entre ambas ciudades es tan corta, que en menos de lo que se había imaginado el avión comienza a descender en la húmeda y calurosa cuidad del Golfo de México.

Faltando poco tiempo para que José se encuentre frente a frente con su familia en el velorio, comienza a sentir una ansiedad de emociones encontradas. Una lucha entre encontrar a su padre y sus hermanos devastados por el dolor, y el gusto de volverlos a ver.

—¡José! ¿Pero qué estás haciendo aquí? ¿No qué no podías salir de los Estados Unidos? —inquieren los hermanos. Mientras lo reciben con asombro, entre la pena de lo sucedido y el gusto de verle en manera tan inesperada.

Mientras abraza a cada uno de ellos, comenzando por su padre, José, se va enterando lo que aconteció la larga noche en que su mamá exhaló su último suspiro desprendiéndose para siempre de su cuerpo terrenal. Cada una de las versiones que escucha de quienes estuvieron con su mamá en sus últimos momentos difiere de la otra, pero lo más repetido entre los relatos es lo siguiente: "Mientras subíamos de uno en uno para no inquietarla, nos dimos cuenta que no nos reconocía. ¡Mamá no podía reconocer a ninguno de nosotros! A pesar de ello, repetía continuamente todos nuestros nombres, y mientras lo hacía, añadía: 'Con amor eterno el Señor me ha amado'[23]. También cantaba a Jesús con su semblante sonriente y lleno de paz".

---

[22] Juan 14:1-4

[23] Jeremías 31:3 parafraseado

Mientras José se detiene para contemplar el rostro de su madre yacido dentro del féretro, su hermana Loida, la mayor de las mujeres, se acerca colocando su mano sobre la de él —la cual estaba ligeramente recargada sobre el andas— y en un tono suave comenta:

—Cuando estaba a solas con mamá, la madrugada antes de fallecer, se sentó sobre su cama y con voz suave y temblorosa me dijo: "Ven, acércate". Al acercarme, con cariño tocó mi rostro, me miró fijamente a los ojos y, susurrándome al oído, me dijo: "¿Sabes qué? ¡Tengo ganada la victoria!" mientras señalaba con su índice hacia su destino final, el cielo. Después, añadió: "¡Yo sé a dónde voy! 'El tiempo de mi partida ha llegado. He peleado la buena batalla, he terminado la carrera, me he mantenido en la fe. Por lo demás me espera la corona de justicia que el Señor, el juez justo, me otorgará en aquel día; y no sólo a mí, sino también a todos los que con amor hayan esperado su venida'[24]". Después de pronunciar esa cita se produjo una larga pausa, y mientras contemplaba su rostro, con una ligera sonrisa cantó entre labios la siguiente estrofa:

Maravilloso amor, ¿cómo puede ser
Que Tú, mi Rey, murieras por mí?
Maravilloso amor, sé que es verdad
Y me gozo en honrarte a Ti,
en todo lo que hago te honro a Ti

»Concluyó citando el siguiente versículo bíblico: "*Tú guardarás en completa paz a aquel cuyo pensamiento en ti persevera, porque en ti ha confiado*"[25], Se recostó nuevamente, acomodó su cabecita sobre la almohada, sonrió y finalmente cerró sus ojitos para siempre.

—¿En verdad, te dijo todo eso? ¡Guau! No cabe duda que tener al Señor en tu corazón y saber dónde vivirás por la eternidad, hace una gran diferencia —comenta José.

---

[24] 2 Timoteo 4:7-8 (itálica añadida)
[25] Isaías 26:3 Reina Valera (itálica añadida)

—Por eso mismo —añade Loida—, hemos decidido que el servicio que haremos a mamá, le llamaremos "servicio de coronación" y no servicio fúnebre como comúnmente se conoce.

—¿Servicio de coronación?

—Sí, como sabemos a dónde ha ido mamá, estamos convencidos que Dios tiene una corona para ella y para todos los que aman Su venida. Mientras aquí le damos sepultura a su cuerpo terrenal, sabemos que en el cielo hay una celebración de bienvenida. Por ello —reitera— le llamaremos servicio de coronación.

Sigue entrando una considerable cantidad de gente. Entre familiares y amistades ocupan todos los asientos y pasillos del velatorio. Es tanta la acumulación de congregantes que la gente se encuentra de pie hombro con hombro. Sin embargo, se percibe una completa paz en el ambiente. Al ver que se ha amontonado un gentío en el recinto, José comienza a mover los arreglos y coronas de flores abriendo espacio para los deudos y amistades. Con el rostro sereno comienza a observar y leer con detenimiento cada uno de los mensajes escritos en las ofrendas florales. Una corona en particular, de gran colorido y tupido follaje, capta su atención, no por los colores ni su frondosidad, sino por la inscripción bíblica, Isaías 26:3, que llevaba seguida de la firma del donante "Iglesia Jerusalén". Al terminar de leerla se pregunta a sí mismo: "¿No fue ese el mismo versículo que según Loida, pronunció mamá antes de morir?"

EPITAFIOS

Sin percibir cómo pasó toda la noche en vela, ni cómo se trasladó, siendo aún muy temprano por la mañana, José se encuentra a solas en el cementerio esperando a que la carroza llegue con el cuerpo, seguida por el cortejo. Mientras espera junto al lugar que será el sepulcro de su madre, observa diversas inscripciones sobre lápidas y placas, en su mayoría, con mensajes frívolos que, por su superficialidad atrajeron su mirada. Entre ellos se encontraban los siguientes epitafios, que según el sepulturero del cementerio, eran copias de algunos famosos:

"Quien resiste gana."

"Si queréis los mayores elogios, moríos"

"Si no viví más, fue porque no me dio tiempo."

"Luz, más luz."

"Perdonen que no me levante"

"Bajen el telón, la farsa ha terminado"

"¿Ya ven? Les dije que estaba enfermo"

"The End."

"Eso es todo, amigos"

Volteando a ver al sepulturero, con una sonrisa, José agrega:

—¿Me pregunto si las inscripciones fueron solicitadas por los difuntos antes de morir o por los dolientes con ingenio cómico? Creo que se necesita sentido del humor o algo de comicidad para ser recordado de esa forma.

Finalmente, a la distancia, transitando por los estrechos caminos dentro del panteón, viene lentamente y con las luces encendidas la carroza con el cuerpo de la madre de José. Detrás de ella, un gran cortejo, encabezado por su padre, hermanos, demás familiares y un sinnúmero de amistades y conocidos, en su mayoría congregantes de su iglesia.

Al llegar donde se encuentra José, junto al mausoleo, comienzan a bajar cuidadosamente el ataúd de la carroza y lo colocan a un costado de donde el cuerpo será finalmente sepultado.

Conforme le gente se acerca hay un largo y reverente silencio. Para comenzar la ceremonia, el Pastor Juan, amigo de la familia, da las gracias a nombre de los dolientes por su muestra de cariño hacia ellos. Después del agradecimiento y bienvenida, comienza el servicio con un preludio, seguido por la lectura bíblica de Salmos 23, un par de himnos y la introducción al mensaje, el Pastor Juan elogia la vida de Mary diciendo que su vida reflejó el carácter de Cristo.

El mensaje además de reflejar una semblanza positiva de la vida de Mary con relación a la vida del rey David señalado en el libro de Hechos capítulo 13 versículo 36, desafía a los jóvenes presentes para que mediten cómo quieren ser recordados el día de su muerte.

—Jóvenes que me escuchan —dice el Pastor Juan—: ¿Alguno de ustedes ha pensado cual será su epitafio? ¿Qué diría la inscripción sobre su sepultura? ¿Y quién la escogerá, ustedes o sus dolientes?

»¿Qué hizo David para ganarse semejante reconocimiento con un epitafio como ese?

»Consideren las siguientes tres verdades espirituales para la elección de un epitafio correcto:

1.- Aprender a servir con todo el corazón

> ➢ Servir a Dios usando los dones y talentos que nos ha dado
> ➢ Tener valor ante los desafíos de la vida.
> ➢ Estar motivado por el amor a Dios y al prójimo

2.- Aprender a servir para transformar a nuestra generación

> ➢ Entender los desafíos del presente
> ➢ Buscar formas para impactar esta generación

3.- Servir dentro del plan y propósito de Dios

> Fuimos hechos para agradar a Dios
> Fuimos hechos para integrar la familia de Dios
> Fuimos hechos para ser como Jesús
> Fuimos hechos para servir a Dios (Efesios 2:10)
> Fuimos hechos para una misión

Al finalizar el mensaje, el pastor Juan invita a los jóvenes a que pasen al frente para orar por ellos. Tanto los padres como el pastor extienden sus manos en dirección a los jóvenes, inclinan sus rostros y oran a Dios para bendecirles[26].

Seguido a la oración, Loida ofrece unas palabras en memoria de su madre Mary, señalando la influencia que tuvo para transformar su generación, a través del evidente y apasionado servicio a Dios.

Mientras se terminan de decir las últimas palabras; los anderos y el sepulturero preparan, cuidadosamente, el descenso del cuerpo en el sepulcro.

Una vez cubierta y sellada la tumba, tienden sobre ella las ofrendas florales. Entre los arreglos predominan las coronas, particularmente, las de gran colorido y tupido follaje. Quedando en el centro, sobre el sepulcro, dejando huella de un perpetuo epitafio «Tú guardaras en completa paz a aquel cuyo pensamiento en ti persevera, porque en ti ha confiado (Isaías 26:3 Reina Valera)»

Poco a poco la gente comienza a retirarse y mientras los últimos congregantes se despiden. José busca la manera de tener un momento a solas con su padre y hermanos. Sabe que no será fácil despedirse y enseguida emprender el complicado y arriesgado regreso a casa. Presume que en el camino pueden presentarse todo tipo de percances; así que, sin darle muchas vueltas al asunto, se acerca a su papá y sus hermanos.

---

[26] Bosquejo elaborado por el autor en base al mensaje predicado en el año 2008 por el Pastor Luis Gabriel César Isunza en la Primera Iglesia de Cd, Satélite Cd. de México (CD Juventud poderosa y con propósito DPIB-498).

—¡Me voy! —asienta José—. Por demás está que les diga que les voy a extrañar. —Volteando a ver a los hermanos mientras abraza a su padre agrega—: Por favor, cuídense mucho y; por favor, háganse cargo de papá. Que la paz de Dios habite en sus corazones... para que en todo Dios sea glorificado.

Después de una cálida despedida, Benjamín (el menor de los hermanos) se ofrece a llevar a José a la terminal de autobuses. José le había comentado que atravesaría la frontera por tierra. La terminal de autobuses está tan cerca, o la cuidad es tan pequeña, que llegan a la terminal de inmediato.

—No entres al estacionamiento Benjamín —dice José, tratando de no alargar la despedida—. Déjame aquí en la puerta de la terminal. —José desciende del auto para bajar su escaso equipaje del maletero, Benjamín baja por el otro lado del vehículo para despedirse de José con un abrazo. Mientras se abrazan, José le hace la siguiente petición: —Encárgate de ordenar la lápida para mamá y, por favor, asegúrate que pongan en la inscripción el versículo y la cita bíblica de *Isaías 26:3*.

—¡Así lo haré, José!

Afortunadamente, José encuentra pasaje para abordar un autobús que estaba a punto de salir con destino a la frontera con los Estados Unidos. Sube de inmediato al autobús y se sienta a sus anchas en el primer asiento disponible. Todavía no termina de acomodarse en el asiento cuando el autobús emprende camino hacia la frontera. José está exhausto y en cuestión de minutos cae en un sueño profundo. Mientras sueña, en lo profundo de la ilusión escucha una bella melodía y una voz a la distancia cantando:

Sintiéndome totalmente solo
de la radio viene
una o dos cosas que me recuerdan algo que ya sabía:

En cualquier lugar, en cualquier momento,
tengo Tu promesa que nunca estaré solo.

Aunque es media noche,
recostado en la oscuridad
pienso en Ti en el cielo,
y Tú estás en mi corazón.

En este momento Tú estás aquí conmigo.
En este momento Tú estás más cerca que el aire que respiro,
Tú eres el DIOS que reina en los cielos.
Sin duda es maravilloso
que en este momento Tú estás aquí conmigo.[27]

—¡José! ¡José! ¡Despierta!

—Lamento despertarte, mi amor... pero... ¡estás empapado de sudor! ¿Te sientes bien?

—Sí, estoy bien, nada más que... con mucho sueño —dice José.

—Has dormido bastante y, ni siquiera el timbre del teléfono te despierta —comenta Renata mientras limpia el sudor de José con un pañuelo. De hecho, quería comentarte que tus hermanos te han llamado en un par de ocasiones.

—¿Pasó algo? —dice José dando un salto de la cama.

—No, mi amor. Solamente te llamaron porque querían mantenerte al tanto que están velando a tu mamita y que hicieron todos los arreglos funerarios.

—¿Sabes, Renata? Soñé que estuve presente en el velorio y sepultura de mamá.

—¿En verdad, mi amor?

---

[27] Traducido del idioma inglés por Jeannette Garza: © 2005 Tema de la canción "In this moment" En este momento, interpretado por el grupo FFH en el álbum Still the Cross.

—Sí. ¡Fue un sueño maravilloso! De hecho, estaba soñando que venía en camino a casa desde México cuando me despertaste. Quizá estaba sudando porque mientras soñaba comencé a sentir una angustia muy grande por el temor a entrar de contrabando a los Estados Unidos. Aunque al final una melodía que, muy en el fondo comencé a escuchar, poco a poco fue devolviéndome la paz.

—Seguramente, José, escuchaste la música que ha estado oyendo Raquel toda la mañana. La pobrecita ha estado inconsolable por el fallecimiento de su abuelita.

—Pobrecita mi princesita hermosa, ahora que me levante voy a verla a su cuarto.

—Ella te ha estado cuidando el sueño, tratando de consolarte. Ha entrado y salido del cuatro en varias ocasiones.

—Que hermosa mi muñeca... ¡Igual de amorosa que su madre!

—Hace años que no dormía de esta manera, Renata. El sueño fue tan profundo que, en términos generales, me hizo apreciar lo que es verdaderamente valioso en esta vida. Ya tendremos tiempo para que te lo cuente en detalle, por lo pronto déjame que te cuento algo que me impactó mucho en este sueño... Al final del servicio funeral (servicio que le llamaron de coronación), después de haber orado por los jóvenes presentes, mientras el Pastor Juan cerraba su Biblia...

—¡Ay! ¿Soñaste con el pastor Juan, José?

—Sí, mi amor... ¡pero deja que te siga contando! Después de cerrar su Biblia, hizo una extensa pausa, creando un silencio total. Pensé que había tenido un *lapsus memoriae*, que le daría tiempo a los presentes para distraerse y murmurar. Por lo menos a mí, me permitió voltear alrededor y observar el número tan grande de asistentes.

»Había un hombre, que parecía un prominente hombre de negocios; vestido con un traje sastre hecho a la medida, su corbata y pañuelo combinaban perfectamente y hasta en uno de los puños de la manga de su camisa, tenía, finamente bordadas, las iniciales C.S.H. En el lado opuesto, había una mujer, que por alguna razón pensé que era viuda, con un manto sobre la cabeza.

Junto a ella, una sonriente joven adolescente, tratando de disimular su vida destrozada. En fin, había una variedad de personas de todas las edades.

»Al terminar esa pausa, el pastor dijo: "¿Hay alguien con necesidad de oración? ¡Jesús quiere encontrarte hoy mismo en este lugar! ¿Alguien quiere entregarle a Él su corazón?" Y continuó diciendo: "Por qué no, allí mismo dónde estás, cierras tus ojos e inclinas tu rostro". Entonces comenzó a orar. Al final preguntó si alguien había repetido la oración; entonces, el hombre de negocios, la mujer viuda, la joven adolescente y un número considerable de personas levantaron sus manos, afirmando haber orado.

»Viendo que la ceremonia estaba por concluir, mi papá se puso de pie y pidió al pastor la palabra. A su derecha estaban mis hermanos mayores y a su izquierda estábamos los tres menores. Agradeció a los congregantes su presencia en un momento tan difícil y comenzó a leer algo que había preparado para el momento. Después de haber terminado su lectura, su amigo, el gobernador agregó las siguientes palabras: "No lloren ni se entristezcan, porque éste ha sido un día memorable y de entrega a Dios". Después añadió: "¡Pueden irse en paz!"[28]

»¿Te das cuenta? ¡Qué contraste! Cerrar los ojos para dormir sin permitir que el sol se ponga sobre nuestro enojo nos libera por completo de cualquier atadura. Ayer por la noche, después de haber hablado con el abogado, me sentí atrapado, sin la posibilidad de salir del país, completamente imposibilitado e impotente, cautivo en la llama de la maldad que me atraparía hasta que mis fuerzas y desparpajos se agotaran por completo… De repente, al sentarme en la cama y darme cuenta de las circunstancias, reafirmé una vez más que la verdadera libertad se encuentra al confiar y depender en los recursos de Dios, no en los nuestros.

—¿A qué te refieres, José?

---

[28] Analogía basada en el libro de Nehemías capítulo 8 de la Santa Biblia

—Que en ocasiones, la actitud que tomamos al enfrentar las adversidades y nuestras acciones, hacen que poco a poco nos llenemos de rencor y comencemos a señalar, con el índice del tamaño de una viga, los errores de los demás. Nos esclavizamos al condenar a otros, sentándonos en el banquillo de las víctimas incomprendidas y estafadas. El pecado nos asedia y controla nuestros pensamientos, ahogándonos en una desesperada e insaciable sed de venganza y justicia.

»Tenía deseos de encontrarme frente al abogado y, después de abofetearlo, hacerle pagar por su inconcebible error. Al mismo tiempo sabía que, si continuaba alimentado mi deseo de desagravio, no dormiría en paz. Por ello procuré llevar todo pensamiento cautivo enfocándome en lo que es verdadero, lo honesto, lo justo, lo puro, lo amable, lo de buen nombre, lo virtuoso y lo digno de admiración[29]. En cuanto empecé a pensar en todo ello, la presencia del Dios de paz comenzó a prevalecer en mi interior. ¡Entonces, recordé lo que es estar completamente libre!

LIBERTAD POR HERENCIA

—Tomé esta Biblia de encima del buró y leí un pasaje donde el Señor Jesús les dijo a los judíos que en Él creyeron:

"Y conocerán la verdad, y la verdad los hará libres.
—Nosotros somos descendientes de Abraham —le contestaron—, y nunca hemos sido esclavos de nadie. ¿Cómo puedes decir que seremos liberados?
— Ciertamente les aseguro que todo el que peca es esclavo del pecado —respondió Jesús— Ahora bien, el esclavo no se queda para siempre en la familia; pero el hijo sí se queda en ella para siempre. Así que si el Hijo los libera, serán ustedes verdaderamente libres"[30].

»Solamente Jesús, el Hijo de Dios, a través de Su obra en la cruz libera a todos por igual. A los que sufren compulsión de agradar a las personas, o son adictos al trabajo, perfeccionistas, interdependientes, controladores, materialistas, ladrones,

---

[29] Filipenses 4:8 Parafraseado
[30] Juan 8: 32-36

mentirosos, asesinos, adúlteros, y aun hasta a los que se han llenado de resentimiento contra otros.

»¿Sabías que la declaración de propósito de los Derechos Humanos de la Organización de las Naciones Unidas es garantizar la libertad y la paz en el mundo?

—No lo sabía, José. ¿Pero eso, que tiene que ver ahora?

—Lo que tiene que ver es que cualquier individuo, organización o institución se podrá proponer buscar la libertad y la paz del mundo; pero, yo estoy convencido, que más que un derecho humano, es el resultado de caminar con Cristo. Si no, ¿cómo es posible que ahora mismo me sienta tan tranquilo, pudiendo mostrar al rojo vivo las desgarradoras heridas que llevo en el alma por la pérdida de mi madre? ¿Sabes por qué? Porque la paz de Dios que en nada se parece a la paz del mundo, me dio esa paz oportuna para este momento de necesidad.

—Estoy muy orgullosa de ti, José, y me alegro de verte tan tranquilo. ¿Por qué no te das un baño, para que te refresques un poco? Y, si quieres, después te duermes otro rato para que termines de descansar.

—Sí, ¡tienes razón, Renata! Creo que me caería bien un buen baño.

Capítulo 8

Caminando por fe

Es, pues, la fe la certeza de lo que se espera, la convicción de lo que no se ve.

UNA FE EN ACCIÓN
—Amor... amor... ¡no hay jabón! ¿Me podrías pasar uno, por favor?
—¡Por supuesto! Aquí lo tienes.
—¡No te vayas! —dice José, deseando tener su compañía y ser escuchado—. Recuerdo algún día haber escuchado que una persona puede vivir 40 días sin comida, 7 días sin agua, 7 minutos sin aire, pero ni un minuto sin esperanza.
—¿En verdad? —exclama Renata—. ¿Por qué lo dices?
—¡Sí! —dice José, procurando mostrar elocuencia y sabiduría, en lo que está a punto de decir—. Lo digo porque la esperanza es la virtud mediante la cual se expresa nuestra fe; es decir, lo que verdaderamente creemos o lo que no creemos. Por ejemplo: Dios prometió grandes cosas a Abraham, pero ninguna de ellas se hubieran cumplido si Abraham no hubiera obedecido a Dios. Abraham tuvo que dejar su tierra, familia, amigos, sin saber a dónde iba.[31]

»Josué y los israelitas tuvieron que poner su fe en acción antes de cruzar el río Jordán. No fue sino hasta que pusieron un pie dentro del río que las aguas dejaron de fluir (el Jordán se abrió) y

---

[31] Génesis 12:1-2, Hebreos 11:8

pudieron, entonces, cruzar[32]. Si se hubieran quedado a la orilla del río esperando a que las aguas dejaran de correr, hubieran esperado en vano. Ellos tuvieron que dar el primer paso antes de que el río se abriera, de lo contrario no se hubiera abierto.

»De alguna manera, nosotros tuvimos que hacer lo mismo para validar que nuestra convicción y nuestra fe eran genuinas. ¿Recuerdas aquel día, cuando Betsabé nos comunicó que se vendría a vivir a los Estados Unidos?

—¡Cómo podría olvidarlo, José! Todavía, en el fondo, puedo escuchar su clamor —expresa con nostalgia Renata—: "Señor, te doy gracias por la oferta de trabajo que le diste a mi esposo, Chris, en los Estados Unidos. Tú sabes que no quiero dejar a mi papá y mis hermanos. Te suplico, que no me lleves sola con Chris y con mi hijo Tom. Si nos has de llevar a vivir allá, lleva a *toda* la familia junta, si no... déjanos mejor aquí. ¡Te lo pido en el nombre de Jesús! Amén".

»La oración de Betsabé pareció ser una oración muy sencilla —continúa diciendo Renata—. Sin embargo, fue tan profunda y sincera, que en cuanto terminamos de pronunciar el amén fue como si Dios hubiera bajado del cielo y entrado a la habitación en ese mismo momento para decirle a ella... "Betsabé, he escuchado tu súplica y no irás sola", y a todos los demás presentes nos hubiera entregado algo más que un cheque en blanco para incluirnos en el plan. En un abrir y cerrar de ojos, además de sentir Su presencia, comenzamos a ver Su plan en acción. Sólo Dios nos entiende perfectamente y sólo Él es capaz de suplir lo que nos falta. Nos quedamos pasmados, mirándonos los unos a los otros, con la carne de gallina y con deseos de pellizcarnos para asegurarnos que no estábamos soñando. Además, nunca lo dije, pero ese día la súplica de Betsabé me recordó "la fe de una mujer cananea, la cual teniendo una hija que sufría terriblemente, se acercó a Jesús y, arrodillándose delante de él, le suplicó:

—¡Señor, ayúdame!

---

[32] Josué 3: 14-16

... Y el Señor Jesús le contestó: —¡Mujer, qué grande es tu fe! Que se cumpla lo que quieres"[33].

Mientras Renata hace una pausa, José agrega:

—En verdad que Betsabé es una mujer de fe. Fue claro que Dios no estaba cumpliendo el capricho de una niña consentida, pero entendió perfectamente su dolor. Teniendo un plan más grande de lo que pensamos o entendemos, permitió esa circunstancia para que pudiéramos poner nuestra *fe en acción*.

—Exactamente —dice Renata—, en el momento que comenzamos a caminar por fe, conforme a lo que Dios aprueba, comenzaremos a recibir las bendiciones. Eso nos revela quiénes somos: *hijos del pacto, herederos de la promesa*, y que tenemos: *un Dios bondadoso*. Así que, podemos estar seguros que si Dios nos da Su bendición para que hagamos algo, también nos proveerá el calzado adecuado para que lo cometamos. Dios no nos enviará a ningún lado sin antes equiparnos bien.

—¿Cómo podríamos olvidarnos de ello? —dice José, mientras sale de la ducha secándose la espalda—. Betsabé viajó esa misma semana con Chris y con el pequeño Tom para comprar casa en Florida. Regresó el siguiente fin de semana contenta de haber encontrado su casa. Aunque, en mi apreciación, con sentimientos encontrados por la incertidumbre de lo largo del proceso.

»¿Recuerdas? Para nosotros era prácticamente imposible tomar una decisión en ese momento. Estábamos comenzando a salir de deudas, impulsando nuevamente el negocio, que por años nos había arrojado grandes pérdidas; y aún peor, nuestro visado para viajar a los Estados Unidos era solamente de turistas. Increíblemente, ese mismo año pagamos completamente nuestras deudas, el negocio comenzó a registrar grandes ganancias y permitió formar una oficina filial en Florida, que nos permitió obtener las visas de trabajo L-1. ¡Y aquí estamos!

---

[33] Mateo 15:25,28

»Además… que cierto es eso que dices —continúa diciendo José—. Cuando Dios nos da Su aprobación para que hagamos algo, también nos provee el calzado adecuado para que lo hagamos. Pero, qué manera de proveer todo lo necesario para todos, ¿verdad?

»Incluso Elías, recién casado con Claudia (quien en vez de parecer la novia, el día de su boda, parecía que iba a su fiesta de quince años) inmediatamente hizo los arreglos necesarios para vender sus pertenencias y asegurar su traslado al estado de la Florida. Y como no fueron capaces de dejar atrás a su pequeña mascota "Sugar" la incluyeron como parte del plan. Era muy buena mascota y no molestaba mucho, pero quizás la Florida no era el lugar ideal para ella, cada vez que salía al jardín y entraba nuevamente a la casa, traía un olor muy peculiar y fuerte. Probablemente se debía a la cantidad de pelo que tenía.

»La compañía para la que trabajaba Chris, mandó a embalar toda su mudanza (incluyendo las pocas pertenencias que Elías no quiso vender). La invariablemente afortunada Betsabé no tuvo que mover ni un dedo para que su mudanza estuviera bien protegida y llegara completa y a salvo a su nuevo hogar. Sólo tuvo que tomar al pequeño Tom y abordar el avión.

»Era principio de año, finales de enero para ser exacto. Una de esas frías mañanas, con alrededor de cinco grados centígrados, en la Ciudad de México. Estaban todos listos en el aeropuerto para partir a la Florida. Incluso iban tú y nuestra pequeña Raquel, porque acompañaron a Betsabé para desembalar la mudanza y acomodar todo en la hermosa casa que acababa de comprar. Recuerdo que de ahí tuve que salir volando a una junta de negocios que tenía con uno de mis clientes más importantes y el director de ventas de la línea de equipos que representaba.

»Ese día en particular, el tráfico fue peor que lo acostumbrado. El frío no permitía que la emisión de gases de los automóviles subiera a la atmósfera, así que… imagínate la cortina de smog que tuve que fumar durante el día. La inversión térmica y los altos niveles de hidrocarburos en el aire, es alarmante en esa época del año. Obviamente, esa noche terminé rendido. En primer lugar, por la desmañanada que me di para llevarlos al aeropuerto, y después, por el trajín del día al recorrer largas distancias sobre el viaducto y el periférico en la Ciudad de México. Por el mismo cansancio me costó mucho trabajo conciliar el sueño; pero, finalmente lo logré después de estar dando vueltas en la cama, como una sardina viva en un comal ardiendo.

»La mañana siguiente, muy temprano, estando yo aún en cama, el teléfono sonó:

—¿Bueno?

—¿Papi? —la preciosa Raquel al otro lado del teléfono.

—¿Cómo estás, princesa?

—Muy bien, papi. Fíjate que aquí está padrísimo y me gustaría que nosotros también nos viniéramos a vivir.

»De repente me pareció escuchar la voz de Betsabé en el fondo que decía: '¿Con quién hablas, Raquel?', y de inmediato comenzó a dar tono de ocupado.

—¡Bueno, bueno! Seguramente se cortó.

»Colgué e inmediatamente volví a descolgar el teléfono para devolver la llamada.

—¿Bueno? —contestó Betsabé.

—Hola Betsabé, estaba hablando con Raquel pero se cortó la llamada.

—No, no sé cortó, ella colgó cuando le pregunté con quién estaba hablando. Lo que pasa es que tomó el teléfono sin avisar a nadie.

—Entonces, ¿nadie la comunicó conmigo? —exclamé.

—No, ella estaba sola en esta habitación —me dijo Betsabé.

»Sorprendiéndome mucho que con sus escasos ocho añitos haya podido pulsar el teclado del teléfono para hacer una llamada internacional, solamente comenté:

—Esa niña tan inteligente tuvo que haber salido como su mamá —Y después añadí—: ¿Me puedes comunicar con ella, por favor?

—Por supuesto. ¡¡Raquel, tu papá está en el teléfono, ven a contestar!!

»Dos minutos después, levanta la bocina la preciosa Raquel.

—Papito, papito, papito... ¿Sabías que aquí, en lugar de haber perros callejeros "en las calles", hay patos?

—No mi amor, ¡no lo sabía! —contesté—, tratando de aguantar la risa.

—Sí, y me tengo que ir porque les estaba dando de comer pan. Pero te quería decir que te extraño mucho y me gustaría que nosotros también nos viniéramos a vivir aquí.

—Sí mi princesa, nosotros también iremos a vivir a Florida.

—¿De verdad? ¿Me lo prometes?

—¡Sí, mi amor!

—Bueno, adiós y ¡te amo!

—Yo también ¡te amo! —dije al despedirme—. Adiós.

»En cuanto colgué el teléfono, me quedé sentado en la cama, prácticamente inmovilizado y sorprendido, al ver como habían cambiado las cosas en un período de tiempo tan corto. Habían pasado sólo unos cuantos meses desde que Betsabé hizo esa humilde, pero muy sincera oración. De hecho, también recuerdo que cuando Betsabé anunció al grupo de mujeres de la iglesia que se venía a vivir a Florida, pero que le había pedido a Dios que no la llevara si no llevaba a la familia completa, Alicia, la esposa del pastor, mencionó: "En verdad que tú sí eres una mujer con mucha fe, Betsabé. Estoy segura que Dios te concederá las peticiones de tu corazón".

»Todavía estaba tratando de poner las ideas en orden dentro de mi cabeza, cuando golpean a la puerta de mi habitación: "Señor, me dijo que tendría una reunión de trabajo muy temprano, por eso le traigo una café y un jugo para que no se vaya con el estomago vacío. Su carro también ya está listo".

»Era nuestra querida empleada de servicio, Martita. Qué lástima que no la pudimos traer con nosotros, en verdad que ella se hizo parte de nuestra familia.

»Tomé un sorbo a mi café y corrí de inmediato a la regadera. "Híjole... ¡ahora sí, se me hizo tarde!"

»Mientras me enjabonaba el cuerpo, no dejaba de pensar cómo todos estábamos caminando en la misma sintonía. Decidimos creerle a Dios, esperar en Él y dejamos, o cuando menos yo, de confiar en nuestras propias fuerzas.

»Desde ese día hasta el día que nos mudamos a vivir acá, solamente transcurrieron diez meses. En ese período de tiempo, logramos construir más y ver cambios mayores en nosotros y a nuestro alrededor, que a todo lo largo de nuestros primeros diez años de matrimonio.

»Entonces pude concluir, que cada promesa de Dios está sustentada por cuatro pilares:

1. Su gracia o bondad
2. Su santidad
3. Su justicia
4. Su verdad

»Aunque la oración de Betsabé haya sido sincera, profunda y conmovedora, la respuesta de Dios no se basó en ella o porque a través de ella hayamos ganado Su favor. Sino en Su misma naturaleza y en lo que Él es, "Dios es amor".

»No importa que tan grande sea tu fe; si tu fe está mal enfocada o está puesta en el lugar equivocado, será una fe vana. En cambio, si tu fe es como una semilla de mostaza, y está centrada en la Persona correcta, será una fe que moverá montañas. En otras palabras, nuestra fe debe descansar en Dios, contando con Su gracia, Su santidad, Su justicia y Su verdad.

"Ante la promesa de Dios no vaciló como un incrédulo, sino que se reafirmó en su fe y dio gloria a Dios, plenamente convencido de que Dios tenía poder para cumplir lo que había prometido. Por eso se le tomó en cuenta su fe como justicia. Y esto de que 'se le tomó en cuenta' no se escribió sólo para Abraham, sino también para nosotros"[34].

---

[34] Romanos 4:20-24

Capítulo 9

Carta por correo

—Buenos días, Lea. Soy Ruth de la oficina de la iglesia. ¿Está Jacobo en casa?

—No Ruth, no se encuentra. Lo puedes localizar en su celular, ¿tienes su número?

—Sí, yo lo tengo Lea, pero no quisiera interrumpirlo en caso que esté con uno de sus clientes. Así que si no te molesta, ¿podría dejar el recado contigo?

—¡Por supuesto!

—Gracias, Lea. Fíjate que llegó a la iglesia una carta por correo dirigida a él, de parte de uno de los reclusos de la prisión de Pompano Beach. Quería pedirle de favor si quiere venir a recogerla y, cuando venga, si puede reunirse unos diez minutos con el Pastor Bill para que le informe si hay necesidades en el ministerio de prisiones.

—Con gusto, Ruth. Le pasaré el recado a Jacobo en cuanto llegue.

—Muchas gracias, Lea. Hasta luego.

—Adiós, Ruth. ¡Gracias por llamar!

Dos horas más tarde…

—Hola mi amor, ¿cómo te fue con tus clientes? ¿Lograron firmar el contrato por la compra del *penthouse* en Key Biscayne?

—Sí, Lea... y no nada más eso. Sino que quieren comenzar a buscar un almacén para poner un centro de distribución cerca del aeropuerto de Miami. De hecho, mientras estábamos cerrando el trato, hablé con Andrew, un asesor inmobiliario del área del aeropuerto, quien tiene un par de opciones y quizá mañana vayamos a ver una de ellas.

—Que bueno mi amor, tus clientes deben estar muy contentos después de darse cuenta del buen precio que les conseguiste por el *penthouse*.

»Cambiando un poco el tema. Esta mañana llamó Ruth, la secretaria del Pastor Bill, para informarte que te llegó una carta de un recluso de la prisión de Pompano Beach.

—¿De Pompano Beach? ¡Si yo nunca he estado allí! ¿Mencionó el nombre del recluso?

—No Jacobo, no lo mencionó. Solamente dijo: "Viene remitida por uno de los reclusos de Pompano Beach".

—¡Qué raro! En fin... mañana paso a recogerla cuando vaya en camino a la oficina.

...A la mañana siguiente, antes de pasar a recoger la carta por la iglesia me aseguro de llevar a lavar mi carro, ya que probablemente consiga una cita para ver el almacén que, según Andrew, tiene una vista espectacular al Palmetto.

Terminando de lavar el carro me dirijo inmediatamente a la oficina de la iglesia. Antes de bajarme del automóvil acomodo el espejo retrovisor hacia mí para cerciorarme que el nudo de la corbata aun está tal y como lucía antes de salir de casa. Tengo que cuidar mi apariencia porque mi querido Pastor Bill siempre está impecable. Su peinado ni siquiera tiene un solo pelo fuera de lugar.

Subo corriendo las escaleras de la iglesia para llegar a la oficina del pastor.

—Buenos días, Ruth. ¿Cómo estás?

—Buen día, Jacobo. Me imagino que te comentó Lea que te llegó una carta, ¿verdad?

—Sí, Ruth, por eso estoy aquí. También me comentó Lea que el pastor quiere hablar conmigo acerca del ministerio de prisiones. ¿Se encuentra él en la oficina?

—No Jacobo, llamó hace unos 15 minutos diciendo que le llamaron de la alcaldía de la ciudad para decirle que el director del departamento de código de construcción quiere ver los planos arquitectónicos con los nuevos cambios del edificio. Me pidió que llamara al contratista y a unos ministros de la iglesia para que se reunieran con él en las oficinas del director. Así que tuvo que cancelar sus citas de esta mañana y salir corriendo para allá.

»Pero toma la carta, y si quieres, hacemos una cita para que te reúnas con él en el transcurso de la semana.

—Gracias. —Tomo la carta sin voltear a ver el remitente para evitar toda clase de preguntas y asegurarme que puedo salir cuanto antes de ahí. Viendo a Ruth directamente a los ojos, continúo diciendo:

—Si gustas, por qué no hablas con el pastor cuando llegue para confirmar su disponibilidad y luego me llamas a mi celular.

—Perfecto Jacobo, así lo hacemos.

—Excelente, *bye* Ruth.

—Hasta luego, Jacobo.

Salgo corriendo de la oficina y me dirijo directamente al auto recién lavado. Me siento al volante y enciendo el auto de inmediato. Volteo a ver el sobre y me sorprende mucho ver que su remitente es Pedro Andrés Álvarez. "¿Pedro? ¿Por qué habrá usado otra dirección en su remitente y cómo supo la dirección de la iglesia?"

Normalmente, para evitar dañar el contenido de cualquier correspondencia, tomo el tiempo suficiente para abrir cuidadosamente el sobre. Esta vez, me olvido de toda delicadeza y abro el sobre como puedo, para sacar cualquier cosa que sea que envía Pedro.

Termino de abrir el sobre y saco de su interior un par de hojas escritas por ambos lados. "Caray… ¡no me había fijado que Pedro tenía esta caligrafía! Su escritura es artística, es más… casi perfecta. La letra está correctamente formada. Pero, ¡qué raro que escriba desde otra prisión!"

Termino de desdoblar el par de hojas y comienzo a leer la carta:

Jacobo,

No encuentro palabras suficientes para agradecerte por tomarte el tiempo de compartir conmigo semana tras semana los estudios bíblicos. No han sido en vano; aunque sigo en la lucha, a través de ellos he podido darme cuenta que mi identidad no se define por lo que tenga o deje de tener, sino por a quien le pertenezco ahora.

Hoy sentí un gran deseo de escribirte para comentarte que la percepción que tengo en cuanto a mi propia identidad ha hecho una gran diferencia al enfrentarme a los retos y conflictos de la vida. Los problemas no han desaparecido, ¡para nada! Es más… creo que han sido más constantes y severos. Sin embargo, la clave para resolver esos conflictos diarios ha sido comprender los valores y la esencia de mi propia identidad. Ahora sé que… ¡Mi identidad está en Cristo!

¿Sabes? Además de los estudios que has compartido conmigo, la historia acerca de tu colega José, me ha ayudado a entender que las adversidades son el camino a la excelencia; ya que en el proceso de vencer la adversidad, podemos llegar a ser mejores de lo que hoy en día somos. A través de los relatos que me has contado semana a semana, he descubierto que el contentamiento NO es el resultado de tener los problemas resueltos o que la situación se torne fácil, sino la capacidad de bastarse a sí mismo con lo que se tiene y en la situación que uno se encuentre. Ahora veo la vida desde otra perspectiva, "la vida es eternamente preciosa"; por eso, trabajo día a día en el contentamiento, porque el contentamiento es una obra interna, el contentamiento es

humildad; pero por sobre todo, el contentamiento nos da la ¡LIBERTAD!

En este punto, después de haber escrito todas éstas líneas, ni siquiera estoy seguro si esta carta llegará a tus manos; si te llegó, seguramente te habrás preguntando cómo le hice para encontrar tu dirección. Bueno, no voy a hacer de esto un misterio; pero de una cosa puedes estar seguro: ¡que cada uno de los estudios que me has dado semana tras semana, los he leído en su totalidad! Tan es así que me di cuenta que en uno de esos estudios, al pie de página, tenía la dirección de una iglesia. Entonces recordé que tus amigos gringos, Paul, Frank, Joe, Keith, y tú, eran miembros de la misma iglesia. Por lo tanto, no se me hizo difícil suponer que si te escribía y enviaba la carta a la dirección de esa iglesia llegaría a tus manos. ¡Espero que mis instintos y suposición no me hayan engañado!

También imagino que habrás notado que te escribo desde otra prisión. Así que, contando con la eficiencia del correo postal americano, te darás por enterado antes de este jueves que no estaré más allí con ustedes durante los estudios de la Biblia. En caso de que no te haya llegado, estoy seguro que los muchachos te dirán que me cambiaron de penal.

Lo que pasó fue que mi abogado había estado apelando el proceso de deportación desde el primer día que me detuvieron; y ayer por la mañana, cuando me bajaron a una audiencia, después de discutir reñidamente mi caso, el juez dictaminó que iban a detener temporalmente el proceso para darle tiempo a mi abogado a que termine de reunir los elementos suficientes para suspender la demanda por completo. Después habría que probar que yo no tuve nada que ver con el pleito de esos pandilleros, pero ese es otro cuento. Como no se sabe cuánto tiempo durará el proceso, ya no me pueden mantener en la misma penitenciaría. Por ello, el juez dictó una orden de traslado a Pompano Beach.

Esa misma tarde subió un oficial a mi celda con una orden del juez en la mano. Me dijo que tenía cinco minutos para recoger mis pertenencias y prepararme, porque en ese mismo momento me iba a trasladar a otra correccional. De ahí me trajeron en un autobús aquí, a Pompano Beach. El camino fue largo, pero creo que en menos de una hora ya estaba en esta localidad.

Espero que me puedas venir a ver, si no es para un estudio, porque sé que es muy lejos para venir todas las semanas, cuando menos para saludar a tu fiel discípulo. Solamente me dan dos horas a la semana para recibir visitas. Por favor, no dejes de venir a verme, necesito un mentor para continuar estudiando la Biblia.

Los horarios de visita son martes, miércoles y jueves, de 5:30 a 7:30 p.m.

Si quieres, también puedes enviarme los estudios por correo. Sólo tienes que poner mi nombre en el sobre y el siguiente número *********.

Un saludo para ti y tus amigos gringos.

Pedro

Vuelvo a doblar la carta cuidadosamente, la meto dentro de lo que quedó del sobre y la coloco en la visera parasol del vehículo.

"Menos mal que pudieron parar el proceso de deportación", pienso. "Ojalá y no tenga que pasar mucho tiempo dentro de ese centro de detención para que pueda probar que no tuvo nada que ver con ese pleito callejero".

Arranco el auto y comienzo a tomar camino hacia mi oficina. Es jueves y si no voy hoy al penal para ver a Pedro, no podré ir a verlo sino hasta la próxima semana. Ojalá y consiga la cita para ver el almacén antes del mediodía, y así pueda tener el resto de la tarde libre.

Mientras manejo tomo mi celular para llamar a Paul, mi amigo con el tatuaje de Jesús en el brazo y líder de nuestro grupo del ministerio de prisiones, y preguntarle cuál es el procedimiento de visitas "uno a uno" en los penales.

Sin timbrar el celular de Paul me lleva directamente a su buzón de voz. Aunque pudiera llamarlo nuevamente más tarde, decido dejarle un mensaje: "Buenos días, Paul, te llama Jacobo. Por favor, devuélveme la llamada cuando escuches este mensaje, necesito saber si no tienes inconveniente que falte al estudio de esta noche. Trasladaron a Pedro a la prisión de Pompano Beach y me gustaría ir a verlo. No sé si tú sabes cuál es el procedimiento para visitarlo o si tienes el teléfono de la oficina del capellán para que pueda llamarles y preguntarles a ellos directamente. ¡Llámame, por favor!"

Llego a mi oficina y antes de confirmar la cita de trabajo decido buscar la información de la prisión de Pompano Beach en la Internet. ¡Gracias a Dios por la tecnología! Antes de que Paul me devuelva la llamada ya tengo el número de teléfono de la oficina del capellán. Sé que Paul ha llamado a esta oficina antes para solicitar un pase para algún voluntario. "¡Llamaré y pediré informes!"

—Buenos días, oficina del capellán Rick Braswell. ¿Cómo puedo servirle?

—Muy buenos días, señorita. Mi nombre es Jacobo y quisiera hacer una cita para visitar a uno de los reclusos.

—¿Ha visitado a los presos antes, señor Jacobo?

—No en el centro de detención de Pompano Beach, señorita.

—¿Me podría proporcionar su número de seguro social?

—Con gusto, el número es...

—Permítame un momento mientras verifico sus datos. Le recuerdo que su permiso de visitación está por vencerse en treinta días. Si quiere evitar que se le niegue la entrada, será mejor que tome la próxima sesión de orientación. Si no asiste a esta orientación éste lunes, la próxima será en dos meses y para ese entonces su permiso estará vencido.

—¿Cuándo dijo que es la próxima sesión de orientación, señorita?

—El lunes entrante.

—Guau, justo a tiempo. ¿Necesito registrarme para asistir a la orientación?

—No, simplemente se presenta y se registra en la mesa de bienvenida del auditorio.

—Muchas gracias. Entonces, ¿podría hacer una cita para visitar al recluso?

—Por supuesto, Sr. Jacobo, ¿tiene el número de arresto?

—¿Número de arresto? Creo que no, señorita, ¿cómo consigo ese número?

—Muchas veces el mismo recluso se lo comunica a familiares, abogados u otras personas que quieren que les visiten. Si no lo tiene, déjeme intentar buscarlo por su nombre.

Mientras termina de pronunciar su oración, recuerdo que Pedro escribió en la carta que cuando le enviara los estudios por correo, pusiera unos números seguidos de su nombre. Entonces saco la carta del sobre.

—A ver, señorita. ¿Podrá ser este el número al que se refiere *********?

—Parece que pudiera ser el número. Permítame un momento para verificar. ¿Me podría confirmar el nombre de la persona por quién pregunta?

—Por supuesto, su nombre es Pedro Álvarez.

—Muy bien, sí, aquí tengo sus datos.

—¿Me podría informar los horarios de visita?

—Sus días de visita son martes, miércoles y jueves, en los siguientes horarios…

Mientras me da los horarios pienso… "¿Cómo le hago para verlo hoy?"

—Muy bien señorita. ¿Podría haber una excepción para que lo visite hoy o tengo que esperar hasta el día martes?

—No señor Jacobo, no se trata de excepciones. Tenemos que registrar su visita en el sistema, avisar al recluso y coordinarlo con las citas de otros visitantes. Es un proceso que toma veinticuatro horas por lo menos. Pero con mucho gusto lo registro para el martes si así lo desea.

—¿Podría visitarlo hoy a través de video cámara?

—En ese caso, no es necesario hacer cita. Simplemente va a la prisión y se registra para su visita. Los horarios de registro son de las tres quince a las ocho cuarenta cinco de la noche. En el módulo de la prisión se les permite a los visitantes que se registren en el orden que van llegando. Pero ese sistema solamente existe en la prisión principal de Fort Lauderdale. En la prisión de Pompano Beach sólo hay cubículos donde se comunica a través de un auricular, aunque los espacios también están limitados a dos visitas por semana. Lamentablemente nosotros no mantenemos control de las visitas en el sistema.

—Bueno, creo que daré una vuelta de todas maneras. Por lo pronto, ¿podría confirmar una visita para el próximo martes por favor?

—¡Con gusto! ¿Le gustaría en la mañana o por la tarde?

—A las diez treinta de la mañana, por favor.

—Perfecto, ya quedó registrado. ¿Hay algo más en lo que le pueda asistir?

—No, creo que ha sido usted muy amable y me ha dado la información necesaria.

—Para servirle, ha sido un placer para mí. Gracias por llamar a la oficina del capellán Rick Braswell, que tenga un excelente día.

—Gracias, señorita. ¡Hasta luego!

"¡Qué bueno! podré visitar a Pedro esta tarde. Aunque no pueda reunirme con él, por lo menos podré hablar con él a través del auricular y decirle que recibí su carta. Más tarde, cuando me llame Paul, le diré que ya hablé a la oficina del capellán y obtuve la información que estaba buscando. También le dejaré saber acerca de la orientación que hay este lunes que viene".

Una vez que logré asegurarme que veré a Pedro esta tarde y que confirmé la cita del próximo martes, tomo el teléfono para coordinar la visita al almacén para la familia Almonte. Afortunadamente logro conseguir la cita para las once de la mañana. Ahora, sólo me queda llamar al Sr. Almonte para ver si tiene disponibilidad de ir a ver la propiedad. Así que vuelvo a tomar el teléfono y le llamo de inmediato.

—Sr. Almonte, buenos días.

—Buenos días, Jacobo. ¿Lograste conseguir la cita para ir a ver el almacén?

—Sí, Sr. Almonte. Precisamente por eso le llamo, me dieron la cita para las once de la mañana. ¿Es buena hora para usted?

—¡Excelente! Jacobo. Se acomoda perfecto a mis planes. Así podré llevar a mi esposa al teatro esta tarde.

—Muy bien, yo también tengo un compromiso esta tarde. Así que, a ambos nos cae como anillo al dedo. ¿Quiere que pase a recogerlo a su hotel en la próxima hora?

—Muy bien, Jacobo. Aquí te espero.

Cuelgo el teléfono y comienzo a organizar los documentos necesarios para llevar a la cita del almacén. Tomo el panfleto que encontré en la página web de Andrew, la información que imprimí del sistema de listados múltiples (MLS por sus siglas en inglés), los datos que tomé de los récords públicos, y coloco todo dentro de mi portafolio. La carta de Pedro la llevo en la mano, ya que de vez en vez le echo un vistazo al sobre en la sección del destinatario admirando la perfección de su caligrafía. Tomo las llaves de mi auto y salgo corriendo de la oficina para pasar a comprar un cafecito a Starbucks antes de recoger al Sr. Almonte.

Cuarenta y cinco minutos más tarde me encuentro frente al hotel recogiendo al Sr. Almonte, mientras él espera en la puerta del hotel disfrutando de los últimos días que le quedan en el Sur de la Florida, en los que todavía se puede estar a la intemperie sin transpirar por la humedad. Trato de acercarme al servicio de valet parking para que estacionen mi auto mientras bajo a saludar apropiadamente al Sr. Almonte, y así esperamos a su esposa, quien seguramente vendrá con él. Al ver que me acercaba, el Sr. Almonte se apresuró hacia la puerta contraria del copiloto pidiéndome que quitara el pasador para subir al auto.

—Listo Jacobo, ¡vámonos!

—¿No vendrá su esposa con nosotros, Sr. Almonte?

—No, mi amigo. Ella decidió ir de compras para aprovechar la mañana mientras yo me encargo de ir a ver el almacén. Ella no participa mucho en las decisiones de la compañía. Se siente más cómoda delegándome esa responsabilidad.

—Bueno, siendo así, vayámonos para la cita, ya que estamos con el tiempo medido.

—Tú estás al volante, ¡tú eres el que manda!

Yendo en camino a nuestra cita el Sr. Almonte comienza a darme todo un informe del historial que encontró en la Internet acerca de esta propiedad. Para que terminara de documentarse, en el primer semáforo que paramos, saqué de mi portafolio el panfleto y demás información que había preparado para él. Mientras le entrego en la mano la documentación para que la revise, él continúa diciéndome todo lo que sabía sobre la propiedad y cuál sería su plan de negociación para la compra.

Aun cuando el Sr. Almonte estuviera listo para comprar esa propiedad, mi mente no deja de pensar en Pedro y mis deseos de encontrarme con él esta misma noche. Así que, prácticamente, de todo lo que me ha venido diciendo el Sr. Almonte desde que se subió a mi auto, sólo he escuchado: bla, bla, bla, bla.

¡Qué pena! Aunque la comisión por vender una propiedad como esta debe ser muy jugosa, tengo que hacer todo lo posible para terminar temprano este asunto e irme corriendo a la prisión de Pompano Beach a ver a Pedro.

Dos horas más tarde, mientras dejo al Sr. Almonte nuevamente en su hotel, me dice:

—¿Te sientes bien, Jacobo? Te noto medio distraído.

—No, no. Claro que me siento bien, Sr. Almonte. ¿Por qué lo dice?

—Cómo te dije… te he notado distraído y, es más, durante la reunión, no hiciste otra cosa sino estar mirando tu reloj cada cinco minutos.

—Discúlpeme Sr. Almonte, no quise distraer su atención mientras hablaba con el vendedor, solamente trataba de calcular la hora en la que podré llegar a mi otra cita en Pompano Beach.

—No te preocupes, Jacobo, entiendo. Como estoy bien interesado en esta propiedad y quiero presentar una oferta, necesito pensar y estudiar un poco lo que podemos ofrecerles. Mientras tanto, si puedes comunícate con el agente de bienes raíces del vendedor y trata de investigar hasta dónde están dispuestos a bajar el precio los vendedores. Por mi parte, trataré de estructurar una promesa de compra que te enviaré más tarde por correo electrónico. ¿Te parece bien?

—Por supuesto, Sr. Almonte. Llamaré al agente de bienes raíces del vendedor cuanto antes e indagaré cuáles son sus expectativas. Quedo en espera de recibir su correo electrónico.

—Te llamo mañana por la mañana, Jacobo.

—Muy bien, Sr. Almonte.

—Hasta mañana. ¡Maneja con precaución!

—Así lo haré. Hasta mañana.

Quiero salir volando de allí, pero si aprieto el acelerador hasta el fondo voy a arrancar quemando neumáticos y causaré muy mala impresión delante del Sr. Almonte. Será mejor que guarde cordura y salga de ahí con calma, ya tendré tiempo para acelerar en la autopista. Creo que será mejor que me vaya directamente a ver a Pedro, comeré la primera cosa que se me atraviese en el camino, mientras no sea "comida chatarra".

Mientras manejo por la autopista Florida's Turnpike, cuidándome de no ser sorprendido por un policía por pasar ligeramente el límite de velocidad, de repente suena mi celular.

—Hola

—Jacobo, ¿cómo estás? Te llama Paul. Perdona que me haya tardado tanto en devolverte la llamada. Estaba en un curso de entrenamiento en el trabajo y hasta ahora me acabo de desocupar.

—No te preocupes, Paul. Llamé esta mañana a la oficina del capellán y, aunque hoy no podré ver a Pedro en persona, podré comunicarme con él por medio de un teléfono.

—¡Qué bueno que lograste comunicarte! Efectivamente, si deseas verlo con tanta premura esa será la única manera en la que podrás tener contacto con él. Si deseas verlo personalmente, tienes que hacer una cita por lo menos con veinticuatro horas de anticipación, ahí mismo, en la oficina del capellán Rick Braswell.

—Sí, eso me dijo la señorita que me atendió por teléfono esta mañana. De hecho, ya tengo una cita para el día martes.

—Nada más que asegúrate que tu licencia de voluntario esté vigente, porque si no lo está, no te van a dejar hacer la cita.

—Qué casualidad que lo dices. Cuando le di mis datos a la señorita que contestó el teléfono, me dijo que mi licencia se vence en un mes.

—Sí, lo que pasa es que el mes pasado, Joe me comentó que iba a tomar la orientación antes de que venciera su licencia. Recordé que todos ustedes asistieron en grupo a la orientación.

—Efectivamente, tienes toda la razón. ¡Qué buena memoria tienes!

—Como olvidarlo, si estaba ansioso que el ministerio creciera... Bueno, te tengo que dejar Jacobo, voy corriendo a almorzar porque tengo que regresar a la oficina.

—Gracias por devolverme la llamada, Paul. Que les vaya bien esta noche.

—Igualmente a ti, Jacobo. Salúdame a Pedro.

—Dalo por un hecho. ¡*Bye*!

—Hasta luego.

Capítulo 10

Crisis de fe

BUSCANDO A PEDRO

Son las tres de la tarde, llego a la cárcel de Pompano Beach "The Joseph V. Conte Facility", estaciono el auto lo más cerca posible de la entrada que pude encontrar. Sin embargo, debido al tamaño del estacionamiento y la cantidad de visitantes que debe haber, quedo bastante retirado del recinto. No acostumbro a venir con saco y corbata a la cárcel, pero debido a la cita de esta mañana vengo vistiendo uno de mis mejores trajes.

Antes de bajar del auto, tomo mi portafolio, saco de su interior mi Biblia, meto entre sus páginas la carta que me envió Pedro para llevar ambas conmigo. Cierro el portafolio, extiendo mi brazo hacia la parte trasera del interior del vehículo y dejo el portafolio detrás del asiento del copiloto.

Al bajar del auto, mientras cierro la puerta y activo la alarma, me percato que dos carros a mi derecha hay un hombre, medio sumido en el asiento, el cual parece estar deprimido y asustado. Pienso: "No creo que este hombre esté robando autos, aunque parece sospechoso, además de asustado, no creo que sea tan tonto para ponerse a robar autos, aquí mismo en el estacionamiento de la cárcel. Bueno, tengo que correr porque el horario de visita comienza en quince minutos, seguramente la fila ha de estar bien larga".

Entro apresurado a la prisión pensando que si hay mucha gente esperando en la fila, tendré que pasar por lo menos un par de horas antes de poder comunicarme con Pedro. Para mi fortuna, sólo hay dos personas frente a mí. Sin olvidar el protocolo me acerco al punto de chequeo y, antes de pasar por el arco detector de metales, me quito el reloj y el cinturón, también saco la billetera y el celular de los bolsillos de mi pantalón. Pongo todo dentro de una cesta plástica que finalmente dejo junto con la Biblia sobre la banda para que sea revisado por el equipo rayos x, mientras atravieso por el detector de metales.

Al cruzar del otro lado del arco, me detengo para recoger mis pertenencias. Comienzo por ponerme el cinturón, después guardo la billetera y cuando voy a meter el celular en el bolsillo interior del saco, uno de los oficiales se acerca a mí y mientras me entrega una ficha en la mano, amablemente agrega:

—No puede entrar con el celular, señor. Por favor apáguelo y déjelo dentro de cualquiera de esos casilleros a sus espaldas.

—No voy a entrar a las celdas, oficial.

—No importa, no puede pasar de este punto con el celular.

—Gracias oficial; ahora mismo lo dejo dentro de un casillero.

Me detengo en ventanilla de información y fianzas para preguntar dónde debo registrarme.

—Buenas tardes señorita, me gustaría registrarme para visitar un recluso.

—Por supuesto, después de pasar la puerta que está a su derecha, se tiene que registrar en el módulo que está ahí. No lo puede perder de vista, porque está señalado como "módulo de registración". Antes de dejarlo pasar, permítame verificar la lista de visitas. ¿Tiene los datos del interno?

—Sí, el interno se llama Pedro Andrés Álvarez.

—Permítame revisar. No lo encuentro por nombre, ¿por casualidad tiene el número de arresto?

Sonriendo tomo mi Biblia y saco la carta de Pedro, entonces agrego:

—Sí, aquí tengo el número. —Proporcionándoselo rápidamente a la señorita.

—Déjeme ver si ahora sí lo encuentro, señor. Efectivamente aquí está. Nada más que no lo puede visitar, porque ya tuvo dos visitas en esta semana y la última visita fue precisamente hoy en el transcurso de la mañana.

—No me diga eso, señorita. ¿No hay manera que pueda hacer algo para verlo?

—¿Es usted abogado?

—¿Abogado? ¡Cuándo ha visto un abogado con Biblia, señorita! No es cierto, estoy bromeando... soy voluntario y he visto a Pedro desde que estaba en la prisión de Fort Lauderdale. Nada más que lo acaban de trasladar aquí.

—Hoy jueves hay varios cultos religiosos aquí en capilla y algunas de las celdas, pero si su iglesia no está registrada no lo van a dejar entrar.

—No, no estamos registrados aquí. Nosotros somos voluntarios en la prisión de Fort Lauderdale y estamos registrados allá.

—Lamento decirle que tendrá que regresar el día martes, pastor.

En mi mente crepitan una lluvia de ideas para suplicar su favor y conseguir entrar a ver a Pedro, pero todas serán en vano. Así que decido pasar a recoger mi celular al casillero y devolverme por donde entré.

Al salir del penal caminando en dirección a mi auto, un par de mujeres que no me quitaron la mirada desde que entré al edificio, salieron casi enseguida murmurando entre ellas. Apresuro mi paso para salir volando de ahí y tratar de alcanzar a Paul en la prisión de Fort Lauderdale para el estudio bíblico de esta tarde.

Cuando las mujeres se percatan que aceleré mi paso, una de ellas exclama en voz alta:

—Pastor, pastor, disculpe.

Me detengo por completo y volteo hacia ellas.

—¿Me llama a mí?

—Sí, a usted pastor.

—Gracias por el algo, pero no soy pastor.

—¿No? Perdón, pero como escuchamos a la oficial llamarlo pastor y como lleva su Biblia bajo al brazo, pensamos que era pastor.

—No lo soy, pero como si lo fuera, los jueves asisto como voluntario a la prisión para compartir la Palabra de Dios con los presos.

—¡Qué bueno! Nosotras somos activistas promotoras de las leyes de inmigración. Nuestra misión es defender y promover los derechos y oportunidades de los inmigrantes de bajos ingresos y sus familiares.

—¡Qué interesante! Me imagino que parte de su misión es visitar a los reclusos en las prisiones, ¿no es así?

—No necesariamente. Aunque hoy venimos a visitar a un joven porque su hermano, un hombre indocumentado, nos pidió que viniéramos a verlo. El hombre está sumido en dolor y con mucho temor de que ahora que su hermano fue arrestado, el departamento de inmigración se entere de su situación migratoria y lo deporten.

—Ya me lo imagino.

—El señor está en nuestro automóvil y queríamos ver si usted puede acercarse a él y, quizás, orar con él para ver si logra recobrar un poco de paz.

—¡Por supuesto! ¿En dónde está su automóvil?

Caminamos en la misma dirección en la que me había estacionado. Mientras más nos acercamos hacia donde está mi auto, comienzo a imaginar que se trata del hombre a quien vi sumido en el asiento con el rostro turbado.

—¡Aquí está! Este es nuestro auto —profiere una de ellas—. Deje que nosotras nos acerquemos para preguntarle a solas si está bien que usted se acerque a conversar con él.

—¡Por supuesto! —exclamo. Mientras tanto, yo entro a mi auto para hacer una llamada.

Llamo a Paul para decirle que no vi a Pedro y que tengo la intención de ir al estudio de esta noche. Al terminar la llamada, volteo a mi derecha y observo al hombre desde el interior de su vehículo meneando su cabeza en señal de negación. En al asiento trasero había otra persona que no había visto en un principio. Decido esperar dentro de mi auto hasta que terminan su conversación.

Pocos minutos más tarde, se acerca una de las dos damas, la mayor de ellas y me dice:

—Perdón, señor. ¿Cómo me dijo que era su nombre?

—Jacobo, mi nombre es Jacobo.

—Mire Jacobo, el señor Sebastián no se siente cómodo estando aquí en el estacionamiento de la prisión; pero nos dice que con mucho gusto platicaría con usted si fuera con nosotros a nuestras oficinas. Imagino que al salir usted de la prisión tan apresurado, es muy probable que tenga algún compromiso, pero si pudiera venir con nosotros a la charla que tendremos esta tarde en nuestras oficinas, se lo agradeceríamos mucho.

—¿Una charla, y sobre qué?

—Esta tarde hablaremos de leyes inmigratorias, empleos para inmigrantes y derechos de beneficios públicos de los inmigrantes. Proveeremos publicaciones, consejo técnico y entrenamiento sobre inmigración.

—Me parece muy interesante, pero acabo de hablar con un amigo y confirmé mi asistencia a nuestro estudio en la prisión de Fort Lauderdale.

—Perdóneme si sueno muy insistente, ¿no podría hablar nuevamente con su amigo y hacer un cambio en su agenda? Créame que Sebastián necesita ayuda espiritual.

—¿Dónde queda su oficina?

—Aquí tiene, déjeme le doy una tarjeta. ¿Entonces vendrá con nosotros?

—¿Gretchen?

—Así es, mi nombre es Gretchen Lozada.

—¿A qué hora comienza la charla, Gretchen?

—Empieza a las seis, pero nosotras ya estamos yendo en camino. Si acepta la invitación, puede seguirnos en su automóvil. Así tendrá tiempo de conocer y conversar con Sebastián.

—Esta bien, déjeme llamar a mi amigo y si gusta yo las alcanzo más tarde en la dirección que aparece en su tarjeta.

Cuarenta y cinco minutos más tarde llego a la dirección que me dio Gretchen. La dirección corresponde a una oficina de corredores de seguros, mientras que la tarjeta que me dio dice *"Asamblea de Activistas Pro-inmigrantes"*. De cualquier manera decido bajar de mi auto y entrar al moderno edificio.

En la puerta principal del edificio está el nombre de Gretchen Lozada seguido por su cargo, Presidente/CEO. Abro la puerta y, al entrar a la oficina de seguros, me quedo pasmado con la impresionante recepción y la beldad de la recepcionista, quien me recibe con una amable sonrisa.

—Buenas tardes, bienvenido a la oficina de seguros Gretchen Lozada & Asociados. ¿Cómo puedo servirle?

—Tengo una cita con la Sra. Lozada.

—¿Me podría indicar a quien anuncio?

—Con gusto, mi nombre es Jacobo.

—Permítame un segundo, ¿gusta tomar asiento?

—Gracias.

—Muy bien, con gusto Sra. Lozada —dice la recepcionista antes de colgar la bocina del teléfono—. Sígame por aquí, Sr. Jacobo. Yo lo guío.

Con extrema cortesía, la bella señorita recepcionista, me conduce por unas escaleras de mármol al segundo piso. Al llegar a una sala de conferencia del tamaño de un aula, arreglada para alojar por lo menos a unas treinta personas, voltea Gretchen dejando de lado lo que está haciendo y agrega:

—Gracias Brenda, no olvides dejar pasar a los invitados conforme vayan llegando.

—No te preocupes, Gretchen. Así lo haré, pero antes de que me retire, ¿puedo ofrecerles algo de tomar?

—No para mí, Brenda, gracias. ¿Y usted Jacobo?

Distraído por la encantadora personalidad de Brenda contesto farfullando:

—No, no... yo estoy bien. Muchas gracias.

—Gracias por venir, Jacobo. En verdad, no sabe cuánto se lo agradezco. Sebastián está con Teresita, mi socia, en su privado. Vamos para que se lo presente, pero antes quiero que sepa que el hombre está muy confundido.

—No se preocupe, gracias por invitarme.

Entramos a un amplio privado con una pequeña mesa oval dónde se encuentra Teresa tomando por las manos a Sebastián tratando de reconfortarlo. Gretchen me presenta formalmente con Sebastián y con Teresa, para después dejarme a solas con Sebastián.

Comienzo a hacer preguntas muy básicas a Sebastián para romper el hielo; pero en su tribulación y dolor, le es muy difícil abrirse de capa. Finalmente, si la invitación de Gretchen y Teresa fue para que orara con este hombre, tengo que comenzar por hablarle de Dios.

—Sebastián, hablemos de tu relación con Dios —le digo mirándolo a los ojos.

—¿Dios? Que voy a saber yo de Dios, si Él se olvidó de mí desde que llegué a este país. Y es más... si es que acaso existe, debe ser un ser injusto e indiferente. ¿Por qué iba a permitir que

115

mi familia y yo tuviéramos que permanecer como esclavos bajo la sombra de un sistema fallido de inmigración?

Sebastián no necesita decirme más, sus palabras me confirman que no tiene una relación con Dios. Probablemente haya entrado a los Estados Unidos de forma ilegal, y ahora no sabe si culpar a Dios o al sistema de inmigración por tener que permanecer, como el dice, bajo la sombra. Pero no me toca a mí juzgarlo.

—Si quieres olvidemos el tema de Dios por el momento. ¿Qué te parece si hablamos de ti?

—Está bien, pero déjame decirte que yo crecí en un hogar católico. De niño mi madre siempre hizo su mejor esfuerzo por llevarme los domingos a la iglesia, mientras papá miraba el fútbol por televisión. En cambio, papá sólo mencionaba a Dios cada vez que me disciplinaba. Me decía que cada vez recibiera sus golpes debía dar gracias a Dios por tener un padre que me disciplinaba. Una vez, la golpiza fue tan brutal que mientras me golpeaba, con sollozos desde el interior de las desgarradoras heridas que llevaba mi alma, le pedí a Dios que no permitiera que papá abusara de su autoridad de padre. Después de tal suplica, quedé convencido que Dios me escuchó porqué papá jamás me volvió a disciplinar de manera tan brutal.

—Discúlpame que te interrumpa, Sebastián. Aquí hay algo que no me cuadra. Primero me dices que dudas de la existencia de Dios, y después me dices, que de niño quedaste convencido que Dios escuchó tu clamor. Por fin, ¿crees o no crees en Su existencia?

—No lo sé. Cuando vi la respuesta a mis peticiones en el pasado, algo en mi interior me hizo sentir que sí existía. Pero cuando comencé a ver tanta violencia en las calles, niños muriendo de hambre alrededor del mundo, enfermedades de todo tipo propagándose como un cáncer, padres e hijos enemistados, actos terroristas y todo tipo de calamidades, entonces empecé a dudar que pudiera existir un Dios que le importe un comino lo que nos pasa. Y si alguna vez existió, creo que decidió darnos la espalda. No podría imaginarme, a mí mismo, dejando a su suerte a mi hermano dentro de la cárcel. Por eso, no sé si creer o no creer.

—Efectivamente Sebastián, es cierto que existen todos los problemas que mencionas. Pero, Dios nunca se ha ausentado de ellos, y mucho menos, nos ha dado la espalda. Más bien, nosotros hemos sido los que le hemos dado la espalda a Dios. Le hemos pedido que se aleje de nuestras escuelas, nuestros gobiernos y, prácticamente, de nuestras vidas. El resultado de la caída de este mundo ha sido consecuencia de nuestro intento de quitar a Dios de Su trono e impertinentemente querer ocupar ese lugar que sólo le pertenece a Él. Cuando no se tiene conciencia de que Dios creador de todo el universo, está detrás del tiempo histórico y del espacio cósmico, habitando desde el principio hasta el fin; el sentido de la vida se desvanece poco a poco. Yo creo que tú estás en enemistad con Dios y sería bueno que arreglaras cuentas con Él.

Con el rostro endurecido al verse confrontando por la desunión de sus ideas, viéndome como un enemigo busca la manera de rebatir mi comentario.

—Mire… señor, ¿cómo me dijo que se llama?

—Me llamo Jacobo.

—Mire Jacobo, si me vino a sermonear, por favor ahórrese el sermón, sino me voy a ver obligado a levantarme de esta silla y dejarlo solo.

—No te preocupes, Sebastián. De ninguna manera pretendo sermonearte. Solamente vine hasta aquí para ofrecerte ayuda. Sé que tu hermano está en la cárcel y mi intención es ayudarles tanto a ti como a él. Por lo tanto, el único consejo que te puedo dar es: que en primer lugar, hagas las paces con Dios, y en segundo lugar, que tengas una perspectiva clara de quién es Él. **Al hacer la paz con Dios**, podrás reconstruir la confianza que tenías en Él cuando eras niño. Y cuando tengas la paz de Dios podrás tener un carácter reconstruido que te permitirá encontrar el propósito en tu vida. **Al tener una perspectiva clara de Dios**, podrás tener una perspectiva clara de ti mismo y de tu identidad.

»La percepción que tengas en cuanto a tu identidad hace una gran diferencia al enfrentarte a los retos y conflictos de tu vida. La clave para resolver nuestros conflictos diarios es comprender nuestra identidad.

»Cuando luchamos con pensamientos negativos, buscamos culpables de nuestra situación (cómo tú lo haces con el sistema migratorio), y pensamos que nadie nos entiende, nos mantenemos en esclavitud. Una perspectiva incorrecta de Dios y de uno mismo puede ser el muro más alto entre tú y tu libertad. Mientras no tengas la percepción correcta seguirás sintiéndote esclavo, bajo las sobras del sistema de inmigración.

—Tiene razón, Jacobo. Discúlpeme mi impertinencia, pero desde que mi hermano fue arrestado, entre el temor y la desesperación, siento que mi mente está fuera de este planeta. Pero... ¿cómo podría hacer nuevamente las paces con Dios?

—¡Muy fácil! ¿Por qué no cierras tus ojos, inclinas tu rostro y repites conmigo una oración?

Hacemos una oración, y mientras pido a Dios que le permita a Sebastián reconciliarse con el Dios que escuchó la oración del niño que juzgó excesiva la disciplina del padre, Sebastián ora con fervor de una manera clara y audible. Terminamos la oración con un "¡AMÉN!" que estremeció las paredes del lugar. Nos levantamos, y después de darnos un abrazo, nos encaminamos a la sala de conferencias.

Capítulo 11

Preparando inmigrantes para la excelencia

Al entrar a la sala de conferencias veo un grupo de veinte personas tomando café esperando que comience la charla. En una pantalla de plasma de cincuenta y ocho pulgadas, cambiando constantemente como si fuera un protector de pantalla, se anuncian con letras grandes los siguientes textos:

"PREPÁRATE PARA SER UN INMIGRANTE CON EXCELENCIA"

1. NO TEMAS SOÑAR
- La excelencia consiste en soñar y forjar un proceso creyendo que siempre podemos llegar a ser mejores de lo que hoy somos.

2. PERSEVERA CON TU SUEÑO Y DISPONTE A PAGAR EL PRECIO
- La excelencia consiste en perseverar haciendo las cosas bien, cueste lo que cueste.

3. HAZLO CON EXCELENCIA
- La excelencia consiste en hacer las cosas con excelsitud

119

INTRODUCCIÓN

¿QUÉ ES LA EXCELENCIA?

Para todos aquellos que la han alcanzado y para quienes estamos en el camino para alcanzarla.

Gretchen se acerca al atril e introduce al conferencista de la noche, el abogado de inmigración, el Sr. Basurto. Después de presentarlo la audiencia le da la bienvenida con un aplauso.

Se para al frente el Sr. Basurto, sonrojado por tan inesperada bienvenida se queda mudo por un momento mientras coloca su mano sobre su larguirucha barbilla mientras recobra el aliento.

—Muy buenas noches, damas y caballeros. Gracias por tan cordial e imprevista bienvenida. La próxima ronda de café va por mi cuenta.

Una vez dicho el tan popular chascarrillo, percatándose de la risilla de los asistentes, da por sentado que se ha apropiado de la atención del cenáculo. Entonces, lanza su primera pregunta de la noche:

—¿Qué es la **excelencia**?

Se escuchan varias opiniones, pero de todas ellas, sólo una parece ser la más acertada. Incluso, pareciera que el hombre que la recita la estuviera leyendo del diccionario: "Para mí, la excelencia es el resultado de un trabajo planificado, organizado y desempeñado con altos niveles y estándares de calidad".

Terminando de escuchar dicha definición y al no haber más voluntarios para sugerir alguna otra, el Sr. Basurto se conduce a una segunda pregunta:

—¿Quién ya alcanzó la excelencia? —Ya que no recibe respuesta, agrega—: Menos mal que no salió un valiente por ahí jactándose de haberla alcanzado, porque la excelencia NO tiene límites, aunque todos debemos procurarla, ir en búsqueda de ella. Esto nos lleva a nuestro **primer paso** para conquistar la EXCELENCIA:

No temas soñar

»¿Quién de ustedes tiene un sueño? —pregunta Basurto.

Se levantan varias manos y selecciona al que está sentado en la última fila. Creo que, normalmente, los que se sientan en la última fila no tienen muy buena reputación; seguramente por eso lo eligió a él.

—¿Cuál es su nombre? —inquiere el Sr. Basurto, después de haber visto al jovencito levantarse tímidamente de su asiento.

—Mi nombre es Jairo, señor licenciado.

—Muy bien Jairo, ¿quieres compartir tu sueño con nosotros?

Desaparece instantáneamente la timidez de Jairo y da lugar a su respuesta:

—Primero, sería cumplir "el sueño americano"; tener mi casa propia y un buen empleo para pagarla.

—¿Alguien más?... ¿No hay más soñadores? Pero, si hace un minuto habían varias manos levantadas, o que... ¿todos tienen el mismo sueño de Jairo?

»El sueño de Jairo es un excelente sueño, pero... ¿alguno de ustedes tiene algún sueño GRANDE?

—¿Qué tan grande? —responde un gordito (de unas doscientas cincuenta libras), que está en la primera fila.

Por un momento pensé que Basurto respondería: "no tan grande como tú" y que el resto del grupo reiría. Pero creo que se guardó la broma para la almohada.

Con mucha cordura, retoma la palabra el Sr. Basurto, sugiriendo:

—¿Qué tal que uno de sus hijos o nietos fuese el presidente de los Estados Unidos? ¿No hay un SOÑADOR dentro de este grupo que tenga un sueño como ese?

Irrumpe el silencio con una fuerte carcajada unísona. Y sin hacerse esperar, alguien del grupo, que no logro ubicar, lanza una pregunta seguida de una afirmación pifiada.

—¿Presidente de los Estados Unidos... un hijo de un inmigrante hispano? ¡Eso es absurdo! Con tanta discriminación que hay en contra de los hispanos.

—Un momento —protesta Basurto no pudiendo soportar tan negativo comentario, mientras él intenta proyectar una enseñanza acerca de la excelencia—. ¿Sabía usted, caballero, que Martin Luther King Jr., un día tuvo un sueño? Un día, ese hombre de color, parado sobre las gradas del Lincoln Memorial durante la histórica marcha sobre Washington, pronunció su discurso titulado: "Tengo un Sueño" (*I Have a Dream*). Habiéndose dado cita en ese lugar junto a un multitudinario grupo de personas de la comunidad afroamericana dentro de los Estados Unidos, expresó su sueño durante la histórica manifestación por la libertad. Su sueño: la libertad, justicia e igualdad de derechos para los habitantes de la raza negra en los Estados Unidos.

»Hoy en día, cuarenta y cinco ó cuarenta y seis años después, podemos ver el sueño de ese hombre hecho realidad. La comunidad negra no sólo logró la libertad, justicia e igualdad, sino que escalonó y se posicionó en lugares inimaginables dentro del gobierno de este país. Incluso, hasta tenemos un presidente de color, el Presidente Barack Obama.

»¿No creen que, nosotros los hispanos, podríamos llegar a tener un presidente de descendencia hispana en los próximos cuarenta ó cincuenta años? Incluso, el bebé que esta dama lleva en su vientre podría ser nuestro primer presidente hispano en los Estados Unidos —agrega Basurto señalando a una mujer jovencita sentada frente a él.

Nadie se atreve a decir nada.

Después de un breve silencio continúa Basurto diciendo:

—Aunque el comentario suena un poco descabellado, no existe ninguna estadística que pueda probar lo contrario. Por el contrario, estadísticamente se presentan más posibilidades de las que pudiera haber habido, si Martin Luther King hubiera contemplado esa posibilidad dentro de su discurso. Así que, cuando tengan tiempo, hagan una lista de los hispanos que ya están en puestos clave dentro del gobierno de Estados Unidos y se darán cuenta que las posibilidades son grandes. Una cosa más, cuando hagan la lista, los que aún no tienen un sueño, escriban un sueño en la lista; los sueños ayudan a trazar y establecer metas.

»Debemos soñar en GRANDE —Basurto señala con prosodia, para continuar con fuerza y entusiasmo con su siguiente punto—. Una vez que tengamos definido nuestro sueño, podremos conducirnos al **segundo paso** en el camino a la excelencia. —Voltea Basurto a la pantalla y anuncia leyendo de la diapositiva—: **PERSEVERA CON TU SUEÑO Y DISPONTE A PAGAR EL PRECIO**

»Es de vital importancia hacer las cosas bien, sin importar los inconvenientes que se presenten en el camino. —Continúa diciendo Basurto, mientras se desplaza de un lado a otro, cambiando las diapositivas con el control remoto.

—Si no empezamos bien desde el principio, no terminaremos bien. No hay que buscarse problemas por gusto propio; en ocasiones, los problemas vienen solos sin que nadie les llame. Y cuando tengamos una situación adversa, debemos estar preparados para ser parte de la solución y no parte del problema. Quienes perseveran en sus sueños a pesar de las adversidades, son sólo aquellos que van en búsqueda de la excelencia —agrega Basurto con entusiasmo para continuar con sus diapositivas.

UNA PERSONA QUE BUSCA DE LA EXCELENCIA SABE QUE LA ADVERSIDAD ES EL MEJOR DE LOS MAESTROS,
MIENTRAS QUE UN FRACASADO SE SIENTE VÍCTIMA DURANTE LAS ADVERSIDADES.

LA PERSONA QUE BUSCA LA EXCELENCIA SABE QUE EL RESULTADO DE LAS COSAS ES CONSECUENCIA DE SUS ACCIONES,
EL FRACASADO CREE QUE EXISTE LA MALA SUERTE.

No importa de qué tamaño sea tu sueño, sea grande
o pequeño, sueña con excelencia;
la excelencia se forma en una vida que se construye
sobre los escombros, no debajo de ellos.

—¿Qué quiere decir construir sobre los escombros? —dice un señor mayor, mientras Basurto hace una pausa en esa diapositiva.

—Quiere decir que a nuestro alrededor hay mucha basura. Vivimos en un mundo contaminado por la perversidad, la maldad, el odio, el racismo, la desigualdad y muchas otras cosas por las cuales nos vemos afectados. Esta época postmodernista, con todos los adelantos tecnológicos que ha logrado, también ha sacado del corazón del hombre la basura que lleva dentro, convirtiéndolo en una acumulación de escombros. Sin embargo, no podemos ni debemos permitir que esas cosas nos aplasten y nos entierren; por lo contrario, debemos enterrarlas y edificar vidas de provecho que dejen un legado a las siguientes generaciones.

Levanta la mano un flacucho que ha estado sentado todo este tiempo escurrido en la silla. Sin cambiar de postura, agrega:

—Abogado, suena muy bien decir "sueña con excelencia". Pero, soñar con excelencia y desenvolverse con excelencia son dos cosas muy diferentes.

—Perdón, ¿me podrías dar tu nombre? —pregunta el Sr. Basurto.

—Andrés Ocampo —responde el flacucho.

—Muy bien Andrés, ¿cómo podrías soñar con excelencia y NO desenvolverte con excelencia? ¿Qué te lo impediría?

—El no poder desempeñar mi conocimiento en el área laboral —dice Andrés encogiéndose de hombros, y agrega—: Resulta que no me ha sido posible encontrar trabajo por falta de mi número de seguro social. En Perú, yo trabajaba para una empresa de informática y desarrollo de software, pero aquí no hay nadie que me contrate, por la falta del mismo. Parece que el programa "E-verify" ha amedrentado a toda la fuerza patronal, y no me ha quedado otra que dedicarme a instalar pisos de cerámica desde que llegué de Perú.

Tratando de evitar desviarse del tema, el Sr. Basurto propone a Andrés revisar su caso migratorio al finalizar la charla. Sin embargo, Andrés insiste en exponer su situación.

—He considerado seriamente tomar un atajo para obtener la residencia, y así evitar el seguir esperando una **reforma migratoria integral**, que puede darse o no. Creo que voy a divorciarme legalmente de mi esposa, y casarme con una angloamericana o una mujer que tenga la ciudadanía para conseguir la residencia permanente. Una vez que la tenga y pase un tiempo prudente, me divorcio para después casarme nuevamente con mi esposa. ¿Usted estaría dispuesto a representarme?

—¿Qué si yo te representaría en un caso así? —Echando humo por las orejas, Basurto agrega—: ¡Por supuesto que NO! A eso se le llama matrimonio simulado (*sham marriage* en inglés) y es uno de los fraudes de inmigración más perseguidos. Ni yo, ni nadie en mi bufete de abogados nos involucramos en actividades ilícitas. Las leyes de inmigración son tan amplias, aunque lentas quizás, pero tienen tantas posibilidades legales para lograr el camino a la residencia. No vale la pena involucrase en una situación que pueda traer una consecuencia lamentable. Lo creas o no, «*no hay nada escondido que no llegue a descubrirse, ni nada oculto que no llegue a conocerse públicamente*[35]». No hay atajos en el camino a la residencia, es mejor que sigas trabajando en lo mismo que estás haciendo mientras obtienes tu residencia permanente y cuando la tengas te dedicas a desarrollar tus talentos en el área de computación.

Basurto hace una pausa, toma un poco de aire y continúa:

—Les voy a contar una historia de la vida real. No es mi intención intimidarlos, sino enterarlos de que uno no puede burlar el sistema de inmigración creyendo que jamás será descubierto. Si después de escuchar esta historia, alguno de

---

[35] Lucas 8:17

ustedes desea desafiar las leyes de inmigración, nada más, no venga conmigo, porque no le voy a poder ayudar: NO TOMES ATAJOS QUE TE PUEDAN METER EN PROBLEMAS.

»A finales de los 80's o principios de los 90's, una joven mujer de descendencia libanesa de 19 años de edad llegó a los Estados Unidos para terminar sus estudios en contabilidad. Una mujer bonita, muy talentosa y sobre todo valiente, que después de graduarse de la universidad Detroit College of Business en el año 1993 decidió continuar con su maestría en la universidad de Bloomsburg, concluyendo con la misma en 1997. Mientras finalizaba sus estudios, según dicen, uno de sus profesores viendo su gran talento y valentía la motivó para que ingresara al FBI.

»Dos años más tarde, después de una exhaustiva verificación de antecedentes (*background check* en inglés) ingresó al FBI, donde hizo una gran contribución en la lucha contra el terrorismo. En el año 1999 fue nominada como la mujer agente del FBI del año. Después del ataque terrorista del 11 de septiembre del 2001, pasó dos meses en Pakistán detrás de los terroristas. En octubre del 2002 persiguió a los asesinos del diplomático Lawrence Foley; donde agentes superiores del FBI reconocieron su gran labor. El año 2003, después de otras dos verificaciones de antecedentes, ingresó a la CIA dónde fue elogiada por su trabajo audaz y extraordinarias habilidades. Durante ese período interrogó varios terroristas, además de haber sido parte del equipo de inteligencia que dio con el paradero de Saddam Hussein.

»De un momento a otro su carrera se vio destruida, mientras ella perseguía terroristas fuera del país, fiscales federales comenzaban una investigación sobre la comunidad árabe-estadounidense dentro de los Estados Unidos. Al investigar a un hombre llamado Talal Chahine, propietario de un restaurante libanés, a quien se le había visto con un supuesto líder espiritual de Hezbollah acusado de terrorismo, surgieron los lazos familiares entre ella y este hombre, ya que Chahine estaba casado con su hermana.

»Mientras los fiscales la interrogaban, continuaban escarbando su trasfondo en búsqueda de cualquier tipo de evidencia que les permitiera probar que ella había hecho mal uso del sistema informático del FBI. En su búsqueda se encontraron con la evidencia de que, esta mujer de ahora 40 años de edad, cuando llegó a Estados Unidos en 1989, siendo una adolecente de 19 años de edad, cometió el fraude de naturalización a través de un matrimonio simulado.

»En una entrevista en el programa de televisión CBS "60 Minutos", confirmó haberse declarado culpable ante inmigración por cargos relacionados con el matrimonio simulado, renunciando voluntariamente a su ciudadanía.

»Su nombre: Nada Nadim Prouty, casada con un norteamericano, madre de dos hijas; completamente exonerada por la CIA, no fue deportada a Líbano para evitar que fuera víctima de los terroristas a quienes interrogó en el pasado, tampoco puede viajar más de 50 millas a la redonda de su lugar de residencia, no puede trabajar, ni abrir cuentas bancarias.

Después de contar la historia el silencio invade la sala, Basurto voltea por todos lados buscando algún comentario o señal de vida. Al no escuchar nada, añade:

—Cuando hablo de **"perseverar con el sueño y disponerse a pagar el precio"**, no me refiero a pagar el precio por haber perseverado en un sueño que comenzó mal desde un principio, sino disponerse a pagar el precio al atravesar por situaciones adversas aún cuando se hayan hecho las cosas bien.

Capítulo 12

Reforma migratoria

No estoy seguro de que Andrés haya sentido una reconvención, ni tampoco creo que Basurto haya querido hacerlo, aunque la sugerencia de Andrés pudo haberlo hecho acreedor a ello. De lo que sí estoy seguro, es que el resto de los participantes que se encuentran en la sala quedaron convencidos que el camino a la excelencia está pavimentado con un componente llamado honorabilidad.

Se oyen los pasos acelerados de un grupo pequeño de participantes que suben a toda prisa por las escaleras. Ansiosos por escuchar la charla del Sr. Basurto, entran a la sala acaparando los pocos asientos disponibles. Al verse ignorados por el orador y al escucharlo decir... "nuestro tercer y último paso para la excelencia es"... se dan cuenta de que se perdieron gran parte de la charla.

De inmediato, Basurto cambia la diapositiva y continúa su presentación:

HAZLO CON EXCELENCIA

—¿Cómo podemos lograr hacer las cosas con excelencia? —pregunta Basurto.

Andrés no dice nada. Creo que automáticamente se siente descalificado para dar su opinión. Se escuchan un par de comentarios sigilosos en la audiencia que Basurto pasa por alto, y sin esperar más, continúa diciendo:

—La excelencia es saber construirse sólidamente como ser humano, con componentes de alta calidad, cimentados en los buenos principios y los valores morales. Quienes viven con excelencia poseen, entre otras cosas, una clara visión de lo que buscan. Tienen determinación para llevar a cabo sus propósitos y buscan la excelencia con alegría, originalidad, responsabilidad y, por sobre todo, integridad. Una persona con excelencia construye a otros, soporta el rechazo, no se frustra; mejor aún, le da sentido a la vida. Además, es equilibrado en su pasión y comparte de lo que tiene generosamente.

I. LA EXCELENCIA ES DESARROLLAR Y COMPARTIR TUS VIRTUDES Y TALENTOS

»La persona excelente sabe reír y disfrutar de las cosas bellas que abundan en la vida. Además de ser visionario, sabe relacionarse con la realidad; tiene una amplia perspectiva y hace todo lo que está a su alcance para prever el futuro. El ser excelente es un ser innovador y creativo; pero, sobre todo, utiliza sus virtudes y talentos para promover el surgimiento de grandes hombres, de nuevos valores y de cambios históricos.

Aquí Basurto hace una pausa agregando una pequeña frase interrogativa que los presentes deseábamos escuchar:

—¿Qué tal un cambio histórico cómo... **una reforma migratoria integral**? El tiempo del miedo se acabó, ahora comienza el tiempo de la esperanza.

El rostro de los que llegaron tarde, con una irónica sonrisa ante el comentario de Basurto, conjeturan que eso podría ser sólo un sueño.

Basurto ignora su incredulidad pueril y dice:

—Sigamos adelante porque todavía nos quedan tres pasos por explorar para hacer las cosas con excelencia.

II. Hacer de la excelencia un estilo de vida

»Cuando la excelencia se hace parte integral de cada individuo, fulgura en su manera de vivir, en su actitud mental y en su inclinación para solucionar cualquier problema, haciéndolo cada vez mejor. En otras palabras, quienes viven con excelencia desarrollan gran parte de su potencial, sin perder tiempo en buscar excusas o razones para demostrar que algo no se puede hacer.

»El camino para que nuestra riqueza potencial dé fruto, es precisamente, a través del trabajo intenso que se hace con excelencia.

»Amigos... —Vuelve a hacer otra breve pausa Basurto, y agrega al mismo tiempo que se prepara para pasar a las siguientes y últimas diapositivas—. Todo aquel que trabaja duro, lo hace porque tiene una clara perspectiva de su identidad y lo que busca.

III. Una perspectiva clara de sí mismo es la base de la excelencia

»Una perspectiva clara de tu identidad permite que tus virtudes sean aprovechadas para la excelencia. La dignidad y la capacidad de hacer las cosas de la mejor manera, son características claves de una clara perspectiva de sí mismo.

»Los seres humanos que viven bajo el concepto de **excelencia**, poseen muchas características valiosas; pero, el único elemento característico que los conduce hacia ella es el desarrollo de la visión que emplean para evaluar el uso de sus virtudes.

IV. La excelencia se construye

»En la vida todo es posible y, naturalmente, alcanzar la excelencia no es la excepción. ¿Piensan que las personas que viven con excelencia nacieron así? —pregunta Basurto, y sin esperar respuesta afirma de inmediato—: Por supuesto que no... la excelencia, como ya habíamos dicho anteriormente, se construye sobre los escombros, y su proceso de construcción requiere que dispongamos de los siguientes elementos: confianza, responsabilidad, disposición para cambiar un bien por un bien mejor, sólidos valores personales, pensamiento a largo plazo, actitud positiva, ética, moralidad, ambición (que no es igual a codicia), búsqueda de superación y una actitud generosa de compartir las virtudes y talentos con los demás.

»Si no estás de acuerdo con tu mundo actual, tu trabajo o tu círculo de amigos, ¡no te preocupes!, ponte en acción, cambia tú y ya verás que tu mundo comenzará a cambiar. Afronta tus deseos de construir con coraje, no tengas miedo de las críticas, y no te dejes paralizar por tus propias críticas.

Parece que el Sr. Basurto está a punto de terminar su conferencia "Prepárate para ser un inmigrante con excelencia". Cierra la presentación PowerPoint, apaga la pantalla plasma gigante, y finalmente agrega:

—¿A quién no le gustaría que este año hubiera una **reforma migratoria**?

Sebastián, quien ha estado sentado junto a mí todo este tiempo sin decir una sola palabra, se levanta rápidamente de su silla, levanta la mano y exclama:

—¡Creo que su pregunta está mal formulada! Si la pregunta hubiera sido "a quienes les gustaría" estoy seguro que TODOS los presentes hubiéramos levantado la mano, porque todos estamos esperándola.

—Efectivamente —dice Basurto—. Todos estamos ansiosos de que así sea. Pero, ¿estamos preparados para ella?

»Reformar el quebrado sistema de inmigración es un asunto de derechos humanos y laborales que no puede esperar más. Esta nación necesita un camino claro y factible hacia la residencia legal para millones de trabajadores y sus familias.

»La migración es un fenómeno mundial donde millones de personas viajan a otras regiones del planeta en busca de trabajo o simplemente, mejores condiciones laborales. Es imposible pensar que los gobernantes no entiendan esta situación. Su negativa y desigualdad bipartidista equivale a mantener marginados a un grupo de inmigrantes talentosos que podrían aportar grandes beneficios socioeconómicos para la nación. Sin embargo, no podemos detenernos ante ello, debemos continuar preparándonos y esforzarnos para desarrollar nuestros talentos de manera que podamos demostrar que somos indispensables para un mejor funcionamiento y crecimiento de esta nación.

»Hoy en día un sinnúmero de activistas y miembros pro inmigrantes están haciendo todo lo posible para ser escuchados y comprobar que una reforma migratoria no sólo es necesaria, sino una solución ganar–ganar. En ello, no sólo el inmigrante ganaría un estatus legal, también la nación ganaría al adoptar un grupo de hombres y mujeres que tienen mucho que aportar a la economía con sus talentos y capacidades intelectuales.

»Entre ellos tenemos un grupo de jóvenes en una larga caminata de 2,300 kilómetros desde la ciudad de Miami hasta la capital del país, Washington, en busca de un sueño llamado *"dream act".* Otro grupo de líderes evangélicos se han reunido en varias ocasiones con senadores y congresistas para, además de sensibilizar la opinión pública, espolearlos para que aprueben, de una vez por todas, una reforma migratoria para legalizar a más de diez millones de indocumentados...

El discurso de Basurto comienza a extenderse demasiado, y no tengo muchas ganas de participar en una cátedra a la que asistí por coincidencia. Pero, sin poder controlar este volcán que está a punto de hacer erupción dentro de mí por esta última afirmación que acaba de hacer, me levanto, sin afán de hacer polémica pregunto con tono apacible:

—Discúlpeme señor Basurto, ¿cómo sabe que hay más de diez millones de indocumentados?

—Bueno... ¡no lo sé! —dice Basurto—, y creo que nadie lo sabe. Pero varias estadísticas afirman que pudiera haber entre diez y doce millones de indocumentados. ¿Por qué lo pregunta?

—Habría que ver quienes están contemplados en esas cifras —respondo con el mismo tono sereno—. Creo que un gran número de individuos no siendo indocumentados por haber entrado en forma legal a los Estados Unidos, han sido tratados como si lo fueran. Y quizás estén sumados en esas estadísticas.

—¿Si... cómo quiénes por ejemplo? —pregunta Basurto.

—Trabajadores calificados *"Skilled Workers"* y familiares de ciudadanos estadounidenses, que actualmente se encuentran atascados en el proceso de residencia permanente debido a los retrasos causados por la insuficiencia y burocracia del sistema de inmigración para atender las necesidades del país.

—Interesante punto —dice Basurto rascándose la barbilla—, pero no estoy seguro que dichas categorías se encuentren dentro de esas estadísticas.

—No, yo tampoco licenciado... —"No quería opinar y ahora me encuentro aquí asesorando al abogado de inmigración"—, pero si se comenzara a acelerar el procesamiento de visas disponibles en ambas categorías, permitiría ver de una forma más tangible las cifras correctas. El número actual de visas disponibles permanentes de cada año, basadas tanto por empleo como por patrocinio familiar, fue fijado por el Congreso en 1990 y no ha sido ajustado desde entonces. El número de visas temporales se ha ajustado con poca frecuencia. Este sistema actual no tiene la flexibilidad necesaria para adaptarse con agilidad al número de visas disponibles y alinearse con las cambiantes condiciones económicas. La inmigración basada en empleo debe considerarse como un recurso estratégico que puede satisfacer las necesidades tanto del mercado laboral, así como fomentar el crecimiento económico.

—Disculpa...

—¡Jacobo! Mi nombre es Jacobo.

—Gracias Jacobo, creo que has traído un punto que aporta mucho al tema de inmigración. Creo que podríamos tener otra sesión completa dedicada a esos dos tipos de visas que has mencionado. Lamentablemente se nos acabó el tiempo y no quisiera desviarme del tema de esta noche. De cualquier manera, me gustaría conversar un minuto contigo al final de la sesión, así que no te vayas. ¿Está bien?

—Por supuesto licenciado.

—Finalmente —Basurto saca una revista de su portafolio y comenta—: aquí hay una lista larga de inmigrantes que han aportado mucho a esta nación. Entre ellos está el austriaco Arnold Schwarzenegger, actual gobernador de California, quién después de haber ganado el título de Mr. Universo a la edad de 20 años, vino a los Estados Unidos y obtuvo su título universitario en la universidad de Wisconsin. Años más tarde, después de hacerse ciudadano estadounidense, se convirtió en el héroe de Hollywood que todos conocemos.

Esperando alguna reacción entre los presentes, y al no verla, Basurto agrega:

—¿Por qué creen que menciono a este hombre?

Entre diversas opiniones y ninguna acertada, vuelve a retomar la palabra y añade con una sonrisa cáustica.

—Porque si este hombre no fuera tan famoso y pasara por el estado de Arizona, a pesar de su fuerte acento extranjero, nadie lo detendría para cuestionar su ciudadanía.

El comentario de Basurto bastó para que se entrara en debate acerca de la controversial ley antiinmigrante **SB1070** del estado de Arizona.

—Amigos —dice Basurto—, no es mi intención crear polémica por mi comentario fuera de sitio, simplemente quise agregar un poco de humor mientras íbamos repasando la lista de inmigrantes que se han destacado dentro de esta nación. Para terminar mi sesión, déjenme por favor darles otro nombre; en este caso, se trata de un hispano que ha sido galardonado en reconocimiento a su incalculable contribución en el ámbito educativo. Recibió la medalla presidencial a la **excelencia** y desde 1999 forma parte del Salón Nacional de la Fama de Maestros.

»Este hombre siendo un prominente maestro en su país natal, Bolivia, emigró a los Estados Unidos en búsqueda de una mejor vida. A pesar de su amplio conocimiento y deseos de continuar dando mucho de sí mismo, tuvo que comenzar prácticamente de cero tomando trabajos fortuitos mientras aprendía inglés. A principios de los años setenta, comenzó a trabajar como profesor en una escuela de bachillerato en un barrio marginado de Los Angeles, California. Con su dedicación y pasión por enseñar, preparó a jóvenes hispanos para que alcanzaran excelentes notas en las materias de matemáticas y cálculo avanzado. Una década después su historia fue publicada en el libro *Escalante: The best teacher in America* (Escalante: El mejor maestro de los Estados Unidos). Siendo tema de la película *"Stand and Deliver"*, titulada en español "Con ganas de triunfar", protagonizada por el actor méxico-americano Edward James Olmos.

»Jaime Escalante es un claro ejemplo de un hombre que utiliza sus virtudes y talentos para promover el surgimiento de grandes hombres, de nuevos valores y de cambios históricos. Así que, si no han leído el libro o visto la película, se los recomiendo mucho...

Termina Basurto con su presentación y percatándome de la hora, me acerco rápidamente a él para darle las gracias por tan emotiva presentación y como un acto de cortesía a su petición, porque me espera un largo camino de regreso a casa.

—Gracias por venir Jacobo, ¿es la primera vez que vienes, verdad?

—Así es señor Basurto. Me invitaron Gretchen y Teresa.

—Que bueno, pero llámame Jaime, por favor.

—Muy bien, Jaime.

—¿A qué te dedicas? —pregunta Basurto.

—Soy agente inmobiliario.

—Ah, ¿sí? ¿Y qué tanto conoces de inmigración?

—No mucho, Jaime. Sólo lo que me he documentado en diferentes sitios de Internet y algunos *blogs*.

—Pues ojalá y nos puedas acompañar en otra ocasión, Jacobo.

Extendiendo mi mano para despedirme, le aseguro que así lo haré.

—¡Buenas noches, Jaime!

—Buenas noches, Jacobo.

Volteo para despedirme rápidamente de Sebastián y agradezco mucho a Gretchen y Teresa por la invitación. Les pregunto cuándo tendrán la próxima reunión porque me gustaría asistir. Después de darme la fecha, me dispongo a salir del recinto. Bajo corriendo las escaleras y llegando al último escalón me alcanza Sebastián para darme las gracias por ayudarle a hacer las paces con Dios.

—Qué bueno que lo hiciste Sebastián. Estoy seguro que nunca más volverás a tener el temor con el que te encontré cuando estabas sumido en el asiento del vehículo de Gretchen. *"Pues Dios no nos ha dado un espíritu de timidez, sino de poder, amor y dominio propio*[36]*"*. Espero verte pronto y ojalá pronto pueda traer a mi amigo Pedro para que lo conozcas.

—¿Pedro? ¿Quién es Pedro?

—Es la persona que estaba supuesto a ver esta tarde. Pero lo veré el martes que viene.

Mientras cruzamos por la recepción, me percato que la recepcionista con cara angelical se había retirado. Salimos del elegante edificio y subo rápidamente a mi auto.

Media hora más tarde, manejando por la autopista Florida's Turnpike, pienso nuevamente en Pedro. "Cómo me gustaría que cuando Pedro salga de la cárcel vaya a la oficina de Gretchen a dar su testimonio. Estoy seguro que sería de gran aliento para muchos".

---

[36] 1 Timoteo 1:7 Itálica añadida.

Capítulo 13

Ciudadanía

Su rostro refleja el gusto de ver a alguien a quien se espera ansiosamente o de felicidad celestial. ¿Será el semblante de triunfo? Quizá... ¡no lo sé! ¿Por qué no? Sea cual sea lo que quiere expresar el rostro sonriente de Pedro, a mí también me invade la alegría por ver a mi amigo tan lleno de vida, mientras continúa caminando hacia la puerta blindada que nos separa.

Suena el timbre activado desde el interior del módulo por un oficial de policía para abrir la puerta blindada. Desde la primera visita que hice a la prisión de Fort Lauderdale hasta el día de hoy, ese particular sonido del timbre hace eco en mi mente con tan sólo pensar en Pedro o cualquiera de los muchachos ahí dentro.

Hoy es un día diferente, porque no soy yo el que entra a la celda, sino Pedro quien sale a encontrase conmigo en uno de los módulos de visitación.

Finalmente, Se abre la puerta y Pedro sale corriendo hacia mí y me da un fuerte abrazo, como quien abraza a un hermano. Al sentir su sincero y fraternal abrazo pienso: *"en todo tiempo ama el amigo, y es como hermano en tiempo de angustia[37]"*.

—Yo sabía que vendrías Jacobo. De seguro que recibiste mi carta, ¿verdad?

---

[37] Proverbios 17:17 Versión Reina-Valera 1960 (Itálica añadida)

—Por supuesto, la recibí desde la semana pasada, ¡muchas gracias! De hecho, vine el jueves pasado con toda la intención de verte, pero como ya habías recibido las únicas dos visitas que tienes permitidas por semana, me negaron el acceso.

—No me digas Jacobo, ¡qué pena! Ven tomemos asiento en uno de esos cubículos que están allí.

—Perfecto, nada más que no creas que tenemos mucho tiempo, sólo nos dieron treinta minutos para la visita.

—Sí, lo sé, pero ahí vamos a estar más cómodos. Además tengo mucho que contarte. ¿Tienes idea por qué no te dejaron entrar? —Sin darme oportunidad para que responda su pregunta, él mismo contesta con otro interrogante—. Porque... ¿quién crees que me vino a ver, Jacobo?

—¡No lo sé! ¿Quién?

—Vino mi abogado el lunes de la semana pasada para decirme que tenía una cita con el juez para tratar mi caso, y sin darme más explicación se fue. El siguiente jueves regresó muy contento y me dijo que logró suspender por completo el proceso de deportación, y no sólo eso, sino que van a reabrir mi caso para que se me otorgue la residencia permanente en base a razones humanitarias.

—¡Qué bueno! Con razón te ves tan contento. Desde que te vi a través de los cristales blindados, caminando erguido con postura militar y con cara de "llevo la victoria conmigo", sabía que tenías buenas noticias.

Estamos sentados dentro de un cubículo con paredes de cristal y una pequeña mesita nos separa. Pedro está frente a mí, con una sonrisa tan radiante como el mismo sol que entra por la ventana. Se inclina hacia el frente, abre tanto los ojos que parece que se le van a salir de su lugar, recarga sus codos sobre la mesa y como todo un profesional de póker que tiene guardada la mejor carta, agrega:

—¡Eso no es todo, Jacobo! ¿Qué más crees que me dijo?

Pienso que está por decirme que le van a dar su libertad, pero como temo que puedo equivocarme y no quiero herir sus sentimientos, solamente digo:

—¡No lo sé! Dímelo tú.

—¡Salgo este jueves! El abogado consiguió mi libertad provisional. ¿No te da gusto?

—¿No estás bromeando, verdad? ¡Por supuesto que me da gusto! Pero... ¿cómo fue?

—El abogado logró que el mesonero del bar donde estuve la tarde que me detuvieron, presentara un testimonio escrito junto con los videos de la escena donde se comprobó mi inocencia.

—¡Increíble! Pero... ¿por qué nada más provisional, Pedro?

—Creo que es parte del proceso. Primero se convoca a las partes, en este caso al mesonero y a mí, para testificar en un tribunal delante del juez y del jurado. Después se extiende un acta, y con ella el magistrado convoca nuevamente a las partes para dar lectura al veredicto en una audiencia pública por el portavoz del jurado. Una vez leído el veredicto, el jurado cesa sus funciones y el magistrado procede a disolver el caso dictando la sentencia absolutoria. Pero, ¿te das cuenta, Jacobo? Si ya testificó el mesonero y el juez está otorgando una excarcelación provisional, después de esa audiencia no puedo esperar otra cosa que no sea sino salir "indemne y libre" del proceso penal emprendido en mi contra.

—Con razón traes esa radiante sonrisa... no me equivoqué cuando te vi y pensé que traías el semblante de triunfo. Esa sí que es toda una victoria. ¡Aleluya! ¡Gloria a Dios!

Tengo deseos de pararme en la silla y dar brincos de alegría, pero como estamos siendo monitoreados por los oficiales del módulo, prefiero contener mi entusiasmo para evitar que me vayan a dejar allí dentro mientras Pedro va de salida.

—¡Libre nuevamente, Jacobo! Por fin podré reintegrarme a la vida cotidiana. Me gustaría ir a tu iglesia y ver a tus amigos Paul, Frank, Joe y Keith. También me gustaría conocer a tu amigo José.

—Hagamos un trato Pedro. El jueves te vengo a recoger y te aseguro que por esa puerta saldremos caminando juntos José, tú y yo. Y el domingo vamos juntos a la iglesia. ¿Te parece?

—Dalo por un hecho...

Mientras Pedro hace una pausa después de confirmar que está de acuerdo con mi propuesta para que lo recoja el jueves y su asistencia del domingo a la iglesia, con una postura diferente al hombre que había visto por meses, con nuevos bríos; como los de un hombre renacido, extiende su brazo derecho y mete la mano en el bolso de su camisa para sacar un sobre que lleva dentro.

—Por cierto Jacobo, antes de que se me olvide. Te estaba escribiendo esta carta, y en cuanto me notificaron tu visita, me apresuré para terminarla y la metí en este sobre. No la leas ahorita por favor, porque tenemos el tiempo medido y prefiero que continuemos conversando.

—No te preocupes Pedro, muchas gracias, la leo en cuanto salga.

Dándome cuenta que el sobre está un poco grueso, me invade la curiosidad y pregunto:

—¿Me podrías adelantar de que se trata?

—Jacobo —me dice Pedro, recargándose en el respaldo de su silla con una postura más relajada—, ¿recuerdas el día que me compartiste un estudio de la vida de Abraham? Leímos los versículos que dicen que Abraham, cuando fue llamado para ir a un lugar que más tarde recibiría como herencia, obedeció a Dios sin saber a dónde iba. Posteriormente leímos otros versículos acerca del rey Salomón y, finalmente, no sé cómo, pero terminaste contándome la historia de José e hiciste una analogía de Hernán Cortés. ¿Lo recuerdas?

—¡Claro que lo recuerdo! Creo que por las siguientes dos o tres visitas continuábamos hablando de lo mismo.

—Así es. Pues el hecho de que a cada estudio añadiéramos una historia, me hizo estudiar la Biblia de tal manera que comencé a sumergirme en los relatos, y no sé si traía yo a los personajes a la vida actual o me transportaba a la época de ellos. El caso es que me bastó leer los primeros libros de la Biblia para darme cuenta que desde sus inicios nuestros antepasados fueron inmigrantes en algún punto de su vida.

—No lo había pensado de esa manera —comento, al mismo tiempo que me pregunto: "¿Por qué me estará diciendo esto?". Pero decido dejarlo continuar.

—¿Quieres que te dé una lista Jacobo?

—¿Es muy larga? —comento en son de broma.

—Te doy unos cuantos para no aburrirte. Ya sabemos de Abraham cuando emigró de Ur a Egipto[38], ¿verdad? Junto con él su sobrino Lot, después su hijo Isaac para escapar de la hambruna fue a la tierra de Gerar donde estaba el rey de los filisteos[39], seguido por Jacob quien huyó de su hermano Esaú y habitó temporalmente en Padán Aram[40]; José, habiendo vivido como inmigrante fue vendido en esclavitud y llevado a Egipto[41]; Moisés huyó de Egipto a Madián[42]; el rey David y muchos otros israelitas. Bueno, la lista continúa pero te dije que no te quería aburrir.

Confieso que mi mandíbula está a punto de caer hasta el suelo. He leído esos pasajes en repetidas ocasiones y jamás se me hubiera ocurrido analizarlo bajo ese matiz migratorio. A decir verdad, estoy sumamente impactado por el conocimiento que Pedro ha adquirido, como si hubiera tomado un estudio intensivo en teología, es evidente que no ha perdido el tiempo dentro de esas gélidas paredes, aunque sigo sin entender lo que me está

---

[38] Génesis 12:10

[39] Génesis 26:1-6

[40] Génesis 28:1-5

[41] Génesis 37:28

[42] Éxodo 2:15

queriendo comunicar. Pero, como esta plática ha tomado un rumbo interesante dejo que él solo vaya guiando el curso de nuestra conversación.

—Jacobo, ¿quieres saber por qué te digo todo esto?

—¡Me encantaría saberlo!

—El día que me trasladaron a esta prisión me sentí tan mal. Estaba desconsolado, y por más que quería calmar mi ansiedad, no podía. Pasé la noche entera suplicándole a Dios que me dejara terminar con esa agonía que me estaba consumiendo hasta las médulas. Cuando sentí que ya no podía más, que se me estremecía el corazón dentro del pecho, invadido por un pánico mortal, temblando de miedo y sobrecogido por el terror, con deseos de tener las alas de una paloma y volar hasta encontrar reposo[43]; le dije a Dios: "No pases por alto mi súplica para que dejen de supurar estas yagas que me calcinan mientras consigo mi libertad. Te pido que no permitas que yo siga aquí sentenciado injustamente". Conforme los latidos de mi corazón fueron disminuyendo, llegando a su pulso casi normal, mientras lograba tranquilizarme un poco, agregué a mi oración final: "Si he tenido que llegar hasta aquí para conocerte como te conozco ahora; a pesar del dolor y esta agonía, ha valido la pena. Así que, sólo te pido que se haga Tu voluntad".

»La mañana siguiente desperté y lo primero que hice fue tomar la Biblia que me regalaste; abrí el libro de Génesis y revisé una nota que me llevó al libro de Hebreos capítulo once... no recuerdo el versículo.

No quiero interrumpirlo, pero al mismo tiempo como estoy muy interesado en saber lo que leyó, después de haberlo escuchado hablar de esa manera, le ofrezco usar mi Nuevo Testamento de bolsillo.

—Pedro, ¿quieres buscar el pasaje de Hebreos en mi Nuevo Testamento?

---

[43] Salmos 55:4-6

—Ay, gracias. ¡Siempre andas bien equipado!

Comienza a buscar el pasaje muy familiarizado con la ubicación del texto.

—¡Aquí está! Hebreos once, del final del versículo trece al quince: *"…y confesaron que eran extranjeros y peregrinos en la tierra. Al expresarse así, claramente dieron a entender que andaban en busca de una patria. Si hubieran estado pensando en aquella patria de donde habían emigrado, habrían tenido oportunidad de regresar a ella. Antes bien, anhelaban una patria mejor, es decir, la celestial. Por lo tanto, Dios no se avergonzó de ser llamado su Dios, y les preparó una ciudad".*

Terminando de leer el pasaje, Pedro continúa:

—Claro, aquí está hablando de los que vivieron por fe y murieron sin haber recibido las cosas prometidas. Pero en mi caso, siendo yo también un extranjero y peregrino en la tierra, al permanecer dentro de este lugar me encontré cara a cara con Dios quien gratuitamente me ofreció una ciudadanía eterna, la ciudadanía celestial.

Me devuelve Pedro el Nuevo Testamento, y agrega:

—Pocos días después de ese encuentro que tuve con Dios, llegó el abogado con la buena noticia. ¡Por fin vuelvo a ser libre! La residencia… —hace una pausa, encoge los hombros y sin dejar de sonreír dice—: Seguiré en espera del proceso como un honorable ciudadano celestial.

Dan el llamado de que nuestro tiempo se ha acabado, no he podido hablar mucho porque la mayor parte de este tiempo Pedro tenía mucho que decir. Nos levantamos de las sillas, pongo mi mano sobre el hombro de Pedro mientras nos encaminamos hacia la puerta que en un par de días se volverá a abrir para dejarlo salir.

Epílogo

Un día jueves, después de que Pedro fuera liberado de prisión, antes de comenzar el estudio bíblico en el penal de Fort Lauderdale, me enteré que mientras él estuvo recluido ahí asumió cierto liderazgo con sus compañeros de celda.

Un joven llamado Héctor, el que tenía menos tiempo dentro del penal, comentó lo siguiente:

—Todas las noches, antes de que apagaran las luces, Pedro nos invitaba a pasar a su celda y leíamos junto con él tres Salmos y un Proverbio. Él afirmaba que ese era el camino para la sabiduría y que de esa manera encontraríamos la razón de nuestra existencia, y que al mismo tiempo llegaríamos a comprender que todo tiene una razón de ser. Desde entonces no lo hemos dejado de hacer ni un solo día.

»Mientras estuvo en la prisión de Pompano Beach —continuó diciendo Héctor—, nos escribió al grupo una carta que decía:

Muchachos, extraño mucho nuestro tiempo de lectura bíblica y compañerismo. Recuerden que "dichoso aquel cuya ayuda es el Dios de Jacob, cuya esperanza está en el SEÑOR su Dios, creador del cielo y de la tierra, del mar y de todo cuanto hay en ellos, y que siempre mantiene la verdad. El SEÑOR hace justicia a los oprimidos, da de comer a los hambrientos, y pone en libertad a los cautivos[44]*". Tengan siempre presente que la vida es eternamente preciosa y que el contentamiento es lo que nos da la verdadera libertad. Manténganse firmes y sin fluctuar, no como veletas a la deriva, porque fiel es el que prometió. Vivan un día*

---

[44] Salmos 146: 5-7

a la vez. Vivan la vida con optimismo, siempre con la esperanza de que el mañana será mejor que hoy.

Han pasado casi ocho meses desde la última vez que vi a Pedro. Tres semanas después de haber salido de la prisión su abogado consiguió que se le otorgara la residencia permanente en base a razones humanitarias. Ni tardo ni perezoso, apenas logró regularizar su estatus migratorio, hizo los arreglos necesarios para ir a visitar a su familia en El Salvador. Después de todo, ¿quién podría juzgarlo por tan acertada decisión?

Yo por mi parte, he procurado asistir regularmente a los estudios bíblicos de los jueves. Pero, siendo honesto, gran parte del tiempo que celosamente aparté para compartir estudios con los muchachos, lo empleé en la escritura de este libro. Después de todo, creo que Pedro tuvo mucha razón al decirles a sus compañeros de celda que **"todo tiene una razón de ser"**, y mi ausencia no fue la excepción. Ha sido un tiempo con diferentes matices, con sus altas y con sus bajas, ha sido como ir en una montaña rusa espiritual. Si pudiera con palabras transmitir cuántas veces me sentí completamente DETRÁS de las BARRAS y las ESTRELLAS, al pasar noches en vela escribiendo, sin distorsionar la veracidad de los hechos fidedignos que hacen parte de esta obra, incursionando dentro del calzado de cada uno de los personajes; creo que sólo así, podría dar a entender lo difícil que me fue haber llegado hasta aquí. Afortunadamente, no lo hice en mis propias fuerzas ¡Dios fue quien me sostuvo!

En las cosas que para nosotros son un misterio, y nunca lograremos entender mientras estemos en esta tierra, podemos tener la certeza de que Dios está obrando detrás de todo ello. Y quizás, la misma razón por la cual yo escribí esta novela, es que ahora se encuentre en tus manos. Así que revísala bien, léela detenidamente, vuélvela a leer si es necesario y si su contenido no te revela nada a ti, quizá conozcas a alguien que esté pasando por adversidades similares a las narradas o haya pasado por ellas y necesite confirmar, como bien dice el viejo proverbio popular, que después de la tormenta viene la calma.

Sé que la temática ha sido un poco compleja y que quizá le haya pisado a alguien los cayos. Si fue así, me disculpo, esa no fue mi intención. Más que el deseo de escribir y comunicar una serie de acontecimientos, el propósito fue dejar que mi corazón se vertiera al mostrar que ante TODO, la excelencia del poder es de Dios y no de nosotros, que podemos estar "atribulados, mas no angustiados; en apuros, más no desesperados; perseguidos, mas no desamparados; derribados, pero no destruidos"[45]. Si lograste asimilarlo así, qué bien ¡te felicito! Ahora ambos tenemos algo en común para compartir. Así que, salgamos al mundo, disfrutemos de las cosas bellas que tiene la vida, utilicemos nuestras virtudes y talentos para promover los verdaderos valores y el surgimiento de nuevos líderes, que de por sí, están bien devaluados. Comencemos con las generaciones más jóvenes, enseñémosles a amar a su prójimo, a respetar a sus mayores, para que cuando sean adultos sepan cuidar a los ancianos y que jamás los vean como un estorbo. Dejémoslos soñar, pero que aprendan a soñar con los pies bien puestos sobre la tierra, para que sepan que el verdadero éxito no depende de los bienes materiales, sino de todo aquello que el dinero no puede comprar. Creo que sólo así podremos recobrar algo que está en completo peligro de extinción.

Por último, si eres un inmigrante que un día emigró motivado por un sueño, te invito a que sigas soñando y que sueñes en GRANDE, y después de soñar en GRANDE, **perseveres con tu sueño y te dispongas a pagar el precio.** Y si ya comenzaste a ver el fruto de tus sueños, no te detengas ahí, ten siempre en mente que **¡lo mejor aún está por suceder!**

Jacobo.

---

[45] 2 Corintios 4:7-9

www.ingramcontent.com/pod-product-compliance
Lightning Source LLC
Chambersburg PA
CBHW060833050426
42453CB00008B/675